1205

Das Buch

Ja, sogar die schlimmsten Songs können Ohrwürmer verursachen. Nein, Katzen können nicht wirklich apportieren. Und ja, Bratwürste und Atomkraftwerke haben Gemeinsamkeiten. Und Frauen und Männer auch!

Die 1LIVE-Hörer stellen täglich »die allerbesten Fragen«. Der Moderator Michael Dietz sammelt sie – und Professor Holger beantwortet sie. Er weiß zwar nicht alles, aber er weiß, wo es steht, und kann es so erklären, dass es jeder versteht.

Was den Millionen Hörern von Deutschlands erfolgreichstem jungen Radio Riesenspaß macht, können jetzt alle kennenlernen: die allerbesten Antworten – in einem Buch!

»Hier erfahren Sie nicht nur, warum die Bratwurst meistens in Längsrichtung aufplatzt, sondern auch, was das mit Wissenschaft zu tun hat – und wie diese funktioniert.«
Prof. Dr.-Ing. Matthias Kleiner,
Präsident der Deutschen Forschungsgemeinschaft (DFG), Bonn

Die Autoren

Univ.-Prof. *Holger Wormer,* geboren 1969 bei Baden-Baden, wollte tatsächlich schon immer Journalist werden, studierte aber erst Chemie und Philosophie in Heidelberg, Ulm und Lyon – und war danach viele Jahre Wissenschafts- und Medizinredakteur der Süddeutschen Zeitung. Seit 2004 ist er Professor für Wissenschaftsjournalismus an der Dortmunder Universität. Er lebt in Dortmund, ganz gelegentlich noch in München – und für Nizza hat es bisher leider nicht gereicht.

Michael Dietz, geboren 1976 an der Pfälzer Weinstraße, studierte Informationswissenschaften und Germanistik an der Universität Saarbrücken, machte Radio und Fernsehen erst für den Saarländischen Rundfunk und seit zehn Jahren für den WDR. Für 1LIVE hat er schon alle Größen dieser Welt interviewt, von Angela Merkel bis Paris Hilton. Er lebt in Köln und Berlin, noch lieber wäre ihm aber Sydney.

ENDLICH
MITWISSER!

Holger Wormer / Michael Dietz

Die allerbesten Fragen –
beantwortet von Professor Holger

Mit Fotos von Joyce Ilg

Kiepenheuer
& Witsch

MIX
Papier aus verantwor-
tungsvollen Quellen
FSC® C083411

Verlag Kiepenheuer & Witsch, FSC® N001512

1. Auflage 2011

© 2011, Verlag Kiepenheuer & Witsch, Köln
Alle Rechte vorbehalten. Kein Teil des Werkes darf in irgendeiner
Form (durch Fotografie, Mikrofilm oder ein anderes Verfahren)
ohne schriftliche Genehmigung des Verlages reproduziert oder
unter Verwendung elektronischer Systeme verarbeitet, vervielfältigt
oder verbreitet werden.
Umschlaggestaltung: Barbara Thoben, Köln
Umschlagmotiv: © Alle © www.fotolia.com; Fotografen: WoGi,
hippo, Miso Zdinjak, Ekaterina Perepelova, japonka, Adroach,
Edvard Molnar; alle anderen: © Stefan Gandl/Neubauwelt
Für die aus der Sendung »Prof. Holgers allerbeste Fragen«
übernommenen Buchinhalte: 1LIVE/WDR, Köln 2010
Agentur: WDR mediagroup licensing GmbH
Gestaltung Innenteil: Dorothea Roll
Gesetzt aus der Trade Gothic und der Baskerville
Satz: Buch-Werkstatt GmbH, Bad Aibling
Druck und Bindung: CPI – Clausen & Bosse, Leck
ISBN 978-3-462-04305-1

Inhalt

8

9

2 Das bisschen Haushalt … Überleben in den eigenen vier Wänden 89

10

11

13

14

15

16

18

Eine Frage des Vorworts

»Die etwas fragen, die verdienen Antwort.«

Bertolt Brecht, Legende von der
Entstehung des Buches Tao Te King

Die Spinne ist riesig. Sie benutzt die Wohnzimmerwand als Catwalk, um mit großen, selbstsicheren Schritten ihre langen, behaarten Beine zu präsentieren. Ich starre sie an: Wie ist sie hier reingekommen? Wie lange wohnt sie schon bei mir? Hat sie ihre Familie mitgebracht? Und: Wie nützlich ist sie wirklich?

Die entscheidende Frage aber ist: Wie werde ich sie wieder los? Eine Zeitung? Ein Schuh? Der Staubsauger! Zack – weg ist sie. Bin ich jetzt ein gemeiner Tiermörder? Eigentlich nicht, schließlich kann ich sonst keiner Fliege was zuleide tun – anders als die Spinne. Doch dann schießt mir die nächste Frage durch den Kopf: **Überlebt die Spinne den Staubsauger?**

Fragen wie zum Beispiel nach der Hauptstadt Kanadas sind leicht zu klären, die Antworten stehen im Netz oder im Atlas. Aber bei den entscheidenden Fragen im Leben, die wir uns im Alltag stellen, hilft uns Schulwissen oft nicht weiter: Wer weiß denn wirklich, warum man sich küsst, warum es mehr Rechtshänder als Linkshänder gibt oder warum Füße stinken?

Bei 1LIVE hatten wir viele solche Fragen, aber keine Antworten. Und unseren Hörern, so dachten wir, würde es ähnlich gehen. Das wollten wir ändern und wir machten uns auf die Suche nach einem Wissenschafter, der sich für alles zwischen Himmel und Hölle interessiert. Ein Typ wie der schlauste Freund aus der Clique, mit dem man in der Kneipe sitzt, ein Typ mitten aus dem Leben, der mit dem Status »Verrückter Professor« nichts zu tun hat. Es hat eine ganze Weile und einige Castings gedauert, aber dann haben wir ihn gefunden: Holger Wormer, Professor für Wissenschaftsjournalismus an der Dortmunder Uni.

Seit Januar 2007 beantwortet »Professor Holger« jede Woche in der Sendung »1LIVE mit Terhoeven und dem Dietz« die allerbesten Fragen – wir hatten uns nicht getäuscht: Die 1LIVE-Hörer hatten Fragen, und was für welche!

Gefühlte Tausende Fragen später ist die Zeit reif, die ganze Republik zu Mitwissern zu machen. In diesem Buch haben wir die meistgestellten und die ungewöhnlichsten Fragen und Antworten zusammengestellt, die für einige Ahhhh- und Ohhhh-Erlebnisse sorgen sollen. Da sind natürlich einige heimliche Lieblingsfragen dabei (zum Beispiel die nach der Sonnenmilchmischung oder eben nach der Spinne im Staubsauger), aber auch die Klassiker, die man einfach immer wieder beantworten muss – zum Beispiel weil der Himmel gerade mal wieder besonders blau ist, man den Grund dafür aber schon wieder vergessen hat.

Das Ganze ist angereichert mit (ernsthaften wie weniger ernsthaften) praktischen Tipps und vor allem mit Bonusmaterial der besonderen Art: Professor Holger lässt sich am Ende des Buches in die Karten schauen. In »Professor Holger zum Selbermachen« zeigt er, welchen Experten und welchen Antworten man bei der Suche im Internet eher trauen kann und welchen weniger. Alles nach dem Motto: Man muss nicht alles wissen, aber wissen, wo es steht.

Zum Schluss noch ein kleiner Warnhinweis: Wenngleich fast nichts in diesem Buch ohne einen tiefen Blick in die wissenschaftliche Literatur oder Gespräche mit weiteren Experten beantwortet wurde, ersetzt der Mitwisser im Krankheitsfall keinen medizinischen Ratgeber und schon gar keinen Arzt.

Nur die Mitwisserschaft, die ist garantiert – und darf ausgiebig zum Nerven von Partygästen, Freunden, Chefs, Lehrern (und natürlich auch von Ärzten) genutzt werden!

Michael Dietz –
mit freundlichen Grüßen
von Professor Holger!

DER KÖRPER:

Das unbekannte Wesen!

Jeden Tag, jede Nacht haben wir mit ihm zu tun, er hat uns mehr im Griff, als wir denken: unser Körper. Mit der Zeit entdecken wir ihn und lernen mit seinen irren Auswüchsen und Mechanismen zu leben, stoßen aber auch an Grenzen. Außerdem verändert sich jeder Körper mit der Zeit oder lernt neue Dinge, die einen zum Staunen bringen: Wieso tut er das und woher kann er das?

Kein Wunder, dass wir zu keinem Thema mehr Fragen bekommen haben als zum Thema Körper. Oben, unten, innen, außen, wir lassen fast keine Körperregion aus. Und es geht nicht nur um die sechs bis sieben bekannten Sinne, sondern auch ums Kratzen, Gähnen und um die Irrungen und Wirrungen unseres Gehirns.

1 Bevor der kleine Unterschied kommt
Warum haben Männer Brustwarzen?

Um diese Frage zu beantworten, müssen sich Mann und Frau auf eine Rückblende in ihre allerfrühste Kindheit einlassen – wobei mit »allerfrühster Kindheit« die ersten sechs bis sieben Wochen der Embryonalentwicklung im Mutterleib gemeint ist. In diesem frühen Stadium macht der Embryo noch keine großen Unterschiede zwischen »männlich« und »weiblich«.

Das ist an sich nicht weiter verwunderlich, immerhin hat der Körperbau von Jungs und Mädels ja bekanntlich eine Menge gemeinsam: Arme, Beine, Kopf, innere Organe usw. unterscheiden sich jedenfalls nicht grundsätzlich. In diesem frühen Stadium gehen die Gemeinsamkeiten zwischen Mann und Frau sogar so weit, dass sich nicht einmal die Keimdrüsen (also die Vorläufer von Hoden und Eierstöcken) voneinander unterscheiden lassen. Und bereits in diesen ersten Wochen im Mutterleib werden auch die Brustwarzen angelegt.

Erst im weiteren Verlauf schaltet der Embryo jene Gene ein, die für den »kleinen Unterschied« sorgen: Bei Jungs bilden sich die Hoden, die männliche Hormone produzieren. Diese verhindern dann unter anderem, dass Jungs eine Gebärmutter und weitere weibliche Geschlechtsmerkmale wachsen – die wir jetzt mal als bekannt voraussetzen.

Weil die schon vorher angelegten Brustwarzen bei der weiteren Entwicklung zum Mann aber nicht weiter stören, gibt es für den Körper keinen Grund, die Warzen wieder zurückzubauen. Daher bleiben sie auch bei erwachsenen Männern erhalten – allerdings in der im Vergleich zu Frauen meist kümmerlichen und behaarteren Variante.

Der praktische Tipp

Wer sich noch etwas mehr mit seinem Körper beschäftigen möchte, der kann einmal nachschauen, ob er oder sie genau betrachtet nicht sogar mehr als zwei Brustwarzen besitzt. Denn bei vielen Menschen (auch bei Männern!) finden sich symmetrisch auf jeder Seite Richtung Bauch ganz kleine Ansätze für weitere Brustwarzen, die aussehen wie blasse Muttermale.

Das erinnert ein wenig an unsere Verwandtschaft mit anderen Säugetieren wie Schweinen, die mehrere Zitzen auf jeder Seite haben. Aber wie sehr Männer nun auch irgendwie Schweine sind, wie das in manchen Liedtexten behauptet wird, ist dann doch eine ganz andere Frage.

2 Rätselhafter Hicks
Wie entsteht Schluckauf und was hilft dagegen?

Die schlechte Nachricht lautet: Im Extremfall kann ein Schluckauf viele Jahre lang andauern. Der Rekord liegt laut Guinness-Buch der Rekorde sogar bei fast 70 Jahren; angefangen hatte das Leiden für den betroffenen Menschen im zarten Alter von 28 Jahren. Die gute Nachricht aber: In den allermeisten Fällen verschwindet der Hicks schon nach kurzer Zeit von alleine wieder.

In der Regel entsteht ein Schluckauf, wenn mit der Atemwegmuskulatur und insbesondere dem Zwerchfell verbundene Nerven gereizt werden. Das kann passieren durch exzessives Essen oder Trinken, Verschlucken von zu viel Luft, durch kalte oder heiße Getränke, Kohlensäure oder viel Alkohol. Auch Angst und Aufregung können einen Schluckauf begünstigen – und angeblich (!) sogar Fremdkörper im Gehörgang.

Als Folge von all diesen Nervenreizen ziehen sich das Zwerchfell und andere Muskeln im Bauch krampfartig zusammen. Dadurch atmet man ganz kurz ein, wobei die Stimmbänder ruckartig bewegt werden. Daraufhin ist dann der bekannte »Hicks« zu hören.

Wozu das eigentlich gut sein soll, weiß allerdings niemand so genau. Umso reichlicher sind die Empfehlungen und Hausmittel, mit denen der Schluckauf angeblich wieder verschwinden soll.

Der praktische Tipp

Die Empfehlungen gegen Schluckauf reichen von Trinken von Eiswasser, Würfelzucker mit Zitronensaft beträufeln und essen, über Luft anhalten oder in einen Beutel ein- und ausatmen (Vorsicht!) bis hin zum Erschrecken. Ich persönlich wurde früher immer gefragt, was ich vorgestern zu Mittag gegessen hatte – offenbar in der Hoffnung, dass das folgende angestrengte Nachdenken den Körper vom nächsten Hicks ablenken würde.

Wie gut welche Methode tatsächlich funktioniert, ist leider ebenfalls nicht gut untersucht. Auffälligerweise können jedenfalls fast alle dieser Empfehlungen ihrerseits einen Schluckauf auslösen. Und in der Tat ist es auch die Idee der meisten Aktionen, die Zwerchfellnerven ein zweites Mal zu reizen – in der Hoffnung, dass diese dann wieder Ruhe geben.

Dauert der Schluckauf mehrere Tage, versuchen Ärzte mit unterschiedlichsten Medikamenten und Maßnahmen ihr Glück, bis hin zur Therapie durch Hypnose. Bei lang anhaltendem Schluckauf ist eine genauere Untersuchung sinnvoll. Denn der sonst harmlose Hicks kann in diesem Fall ein Zeichen für Magen-Darm- oder Nervenerkrankungen sein.

3
Das
gefräßige
Loch
im Bauch

Warum
sammeln sich
im Nabel
Flusen?

Eine erste Antwort auf diese Frage war sogar schon einmal eines ganz speziellen Nobelpreises würdig: des sogenannten Ig-Nobelpreises, den eine Wissenschaftlergruppe vor allem für Forschungen vergibt, die vielleicht besser »nicht wiederholt werden sollten«. In diesem Falle kam die Forschung von Professor Holgers Kollegen »Dr. Karl« in Australien. Er hatte Tausende von Menschen nach ihren Bauchnabelflusen-Erfahrungen befragt – 4799 haben geantwortet. Das Ergebnis: Zwei Drittel gaben an, Bauchnabelflusen zu haben. Männer sind demnach dreimal so häufig betroffen wie Frauen und Menschen mit Haaren am Bauch generell deutlich mehr als andere.

Weitere Selbstuntersuchungen eines Chemikers aus Wien an 500 Bauchnabelflusen und auch Experimente im Auftrag der WDR-Kopfball-Redaktion zeigen: Bei den Flusen handelt es sich um Abrieb von T-Shirt, Unterhemd oder sonstiger (vorzugsweise Baumwoll-)Kleidung, die man direkt auf der Haut trägt. Das kann man unter dem Mikroskop deutlich erkennen. Wie aber kommen die Fasern nun von der Kleidung in den Bauchnabel?

Zunächst muss man sich klarmachen, dass die Kleidung bei jeder Bewegung ein wenig über die Haut scheuert. Und das reicht schon aus, um winzige Flusen vom T-Shirt oder Unterhemd abzureiben. Haare auf der Haut scheinen diesen Effekt noch zu verstärken; jedenfalls wird berichtet, dass das Rasieren der Haare am Bauch den Flusentransport zum Erliegen bringen kann. Da die Haare am Bauch oft wie Straßen oder sogar Serpentinen zum Bauchnabel führen, helfen sie offensichtlich wie kleine Widerhaken, einige der abgeriebenen Kleidungsflusen mit jeder Bewegung in diese Richtung zu transportieren.

Den Rest erledigt dann der Bauchnabeltrichter, in dem sich die Flusen am Schluss zu den praktischen, herausnehmbaren Knäueln verhaken – die im Durchschnitt übrigens ein bis zwei Milligramm wiegen.

34

4 Kühlung für den Kopf
Warum gähnt man und warum ist das ansteckend?

Oft reicht es bereits aus, nur ans Gähnen zu denken, und schon hat man sich angesteckt. Wissenschaftler haben Testpersonen einmal einen Film mit gähnenden Menschen gezeigt, und jeder Zweite musste innerhalb von fünf Minuten selbst den Mund aufreißen – manche sogar schon nach ein paar Sekunden.

Allerdings gibt es jenseits dieses Gruppengähnens natürlich auch den »Einzelgähner«, der ganz allein damit anfängt. An Sauerstoffmangel scheint das nicht zu liegen – diese verbreitete Theorie wird inzwischen als widerlegt angesehen. Stattdessen vermuten einige Wissenschaftler nun, dass das Gähnen unter anderem dazu dienen könnte, das Gehirn zu kühlen. Immerhin produziert das Gehirn bei der Arbeit – ähnlich wie ein Computer – eine Menge Wärme. Durch das Gähnen gelangt dann mehr und kühleres Blut in den Kopf. Einige (wenige) Versuchspersonen, deren Stirn gekühlt wurde, hatten daher laut den Studien eine geringere Neigung zu gähnen.

Wer in der Schule oder bei der Arbeit beim Gähnen erwischt wird, könnte demnach guten Gewissens sagen, er gähne nur, um dadurch aufmerksamer zu bleiben. Eine ähnliche Wirkung lässt sich erzielen, wenn man bewusst durch die Nase atmet, was ebenfalls für einen kühleren Kopf sorgt.

Als Berufsskeptiker wartet man allerdings schon fast darauf, dass die Wissenschaft bald auch diese Erklärung wieder über den Haufen wirft und sich etwas Neues ausdenkt. Auf der ersten internationalen Gähnkonferenz in Paris im Jahr 2010 gab es jedenfalls eine Menge Ratlosigkeit unter den Experten.

Bleibt zudem die Frage, warum das Ganze eigentlich so ansteckend ist. Zwar wissen Hirnforscher seit Langem von Nervenzellen im Gehirn, mit deren Hilfe wir uns in andere Menschen hineinversetzen können. Sie spiegeln quasi das Verhalten anderer in unseren eigenen Kopf (und tragen daher den hübschen Namen »Spiegelneuronen«). Sieht man nun jemanden, der gähnt, wird auch dieses Verhalten (und das entsprechende Gefühl dabei) in unser Gehirn gespiegelt – und schon entsteht eine Neigung, das Gleiche zu tun. Die Frage, was das eigentlich soll und wozu diese Ansteckung gut ist, erklärt das allerdings noch lange nicht.

Verhaltensforscher haben dazu jedoch eine gute Theorie. Sie vermuten einen Effekt, der zugleich erklärt, warum das ansteckende Gruppengähnen sogar bei Affen vorkommt: Wenn einer gähnt, teilt er der Gruppe womöglich seine Erschöpfung mit. Und die anderen tun es ihm nach, damit alle zusammen wieder wachsamer werden – zum Beispiel gegenüber Feinden. Auch könnte die Ansteckung dazu dienen, dass alle etwa gleichzeitig an ihre Müdigkeit erinnert werden und dann gemeinsam schlafen gehen. Der Tagesablauf der Gruppe würde auf diese Weise synchronisiert – und das Gähnen somit ihren Zusammenhalt stärken.

Am Schluss ein kleiner Trost, falls jemand meint, dass er oder sie zu viel gähnt: Der Rekord liegt bei achtmal pro Minute – das sind 480-mal pro Stunde. Und wer sich durch das Gähnen anderer leicht anstecken lässt, gilt vielen Forschern zufolge als besonders einfühlsam – eine weitere wissenschaftlich fundierte Super-Ausrede für Schule, Uni-Hörsaal und Beruf!

5 Wilde Träume

Wieso fällt man im Schlaf nicht aus dem Bett?

Je nachdem, was man so träumt, kann Schlafen eine recht gefährliche Angelegenheit sein. Das fängt bei Menschen an, die sich selbst aus dem Bett katapultieren, und hört bei Kinnhaken und Schlägen für den Partner nebendran auf. Zum Glück kommt so etwas in der Realität selten vor, denn der Körper hat einige Vorkehrungen getroffen, damit auch der wildeste Traum nur ein Traum bleibt.

Im Schlaf setzt der Körper die Muskelspannung herab, sodass man sich kaum mehr bewegen kann. Damit ist die meiste Zeit der Nacht sichergestellt, dass man sich nicht mit eigener Muskelkraft aus dem Bett stemmt. Allerdings haben einige Menschen auch Schlafstörungen, die dazu führen, dass die Muskeln eben nicht so erschlaffen. Und das kann dann tatsächlich gefährlich für sie selbst und ihre Zimmergenossen werden.

Bekanntlich wechseln aber auch ganz gesunde Menschen mehrmals in der Stunde die Schlafposition – und das reicht womöglich schon aus, um eine falsche Bewegung zu machen. Besonders bei Babys und Kleinkindern ist das tatsächlich so: Sie fallen leicht mal aus dem Bett.

Mit der Zeit aber lernen Kinder wie Erwachsene etwas über ihre Schlafumgebung. Denn besonders beim Umdrehen ist der Körper jeweils für einen Moment ein klein wenig wacher (oder besser: aufmerksamer) als sonst. Das gibt

ihm nicht nur die nötige Muskelspannung, um sich überhaupt zu bewegen. Genau in diesem Moment macht er
sich offenbar auch unbewusst mit den Platzverhältnissen
in seinem Bett vertraut – jedenfalls meistens gut genug,
um nicht in den Abgrund zu rutschen.

6 Vorsicht, Parkbank!
Warum können Beine einschlafen?

Das Phänomen ist natürlich nicht nur für Beine bekannt, auch Hände oder Arme können bekanntlich einschlafen. Bei eingeschlafenen Armen sprechen Neurologen sogar von einer »Parkbanklähmung« (auf Englisch: »Saturday night paralysis«). Denn wer betrunken mit aufgestütztem Arm auf einer Parkbank einschläft, wacht später womöglich wieder auf, ohne dass sein Arm gleich mit wach wird.

Der Grund ist bei eingeschlafenen Beinen und Armen der gleiche: Man übt Druck auf die Nervenbahnen aus, sodass diese ihre Nervenreize nicht mehr ordentlich weiterleiten können. Man hat dann zum Beispiel das Gefühl, das Bein gehört gar nicht mehr dazu – denn für das Gehirn ist es ja sozusagen abgetrennt; jedenfalls kommen keine Informationen mehr über das Bein im Kopf an.

Besonders leicht werden Nervenbahnen dort abgeklemmt, wo wenig Muskel- oder Fettpolster vorhanden sind und der Nerv recht ungeschützt zwischen zwei Knochen – etwa bei übereinandergeschlagenen Beinen – unter Druck gerät. Oder eben zwischen einem Knochen und einer harten Parkbank.

Normalerweise dauert es nach einem Positionswechsel dann höchstens ein paar Minuten, bis sich der Nerv von dem Druck wieder erholt hat und sich das Bein beim Gehirn zurückmeldet. Das passiert oft mit einigem Kribbeln, weil die Nervenimpulse zunächst noch etwas gestört sind.

In seltenen Fällen kann ein Nerv beim Einschlafen in ungünstiger Position auch so stark abgeklemmt werden, dass er einige Wochen benötigt, um sich wieder zu erholen.

Wenn Bein oder Arm jedoch ohne erkennbaren Druck von außen immer wieder einschlafen, sollte man vielleicht einen Neurologen aufsuchen. Denn Taubheitsgefühle in den Gliedmaßen können in diesem Fall ein Hinweis auf Nervenerkrankungen oder einen Schlaganfall sein.

41

7 Heißkalte Helfer

Wieso nimmt man bei Bauchschmerzen eine Wärmflasche und bei einer Beule eher Eis?

Zunächst gilt die Regel: Kälte macht die Blutgefäße enger und Wärme macht sie weiter, fördert also die Durchblutung. Wenn man sich dann anschaut, was eine »Beule« eigentlich ist, versteht man sofort, warum man die lieber kühlen möchte. Nicht umsonst werden Beulen oder Prellungen auch »blaue Flecken« genannt. Diese sind rötlichblau, weil durch den Stoß irgendwo unter der Haut feine Äderchen und anderes Gewebe verletzt wurden. Blaue Flecken sind also kleine innere Blutungen. Das Kühlen fährt dann die Durchblutung runter, Adern und Gewebe ziehen sich zusammen, sodass an der betreffenden Stelle nicht noch mehr Blut austritt und die Beule nicht zu sehr anschwillt.

Wenn man nicht gerade eine Schlägerei hinter sich hat, haben Bauchschmerzen hingegen nicht gerade eine innere Blutung als Ursache, sondern etwas anderes: Das Gewebe in den Organen ist möglicherweise zu schlecht durchblutet und unterversorgt, Abfallprodukte des Körpers werden nicht richtig abtransportiert, woraus dann Schmerzen entstehen können. Die Wärme verbessert die Durchblutung, die Organe werden wieder besser versorgt, der Müll im Gewebe abtransportiert. Eventuell sorgt die Wärme auch für eine Entspannung und Lockerung von inneren Krämpfen, die ebenfalls Schmerzen verursachen können.

Dass Wärme gegen Schmerzen helfen kann, hat aber noch einen anderen Grund – und der gilt für die Kälte sogar genauso: Der Körper wird durch den Temperaturreiz (egal ob warm oder kalt) abgelenkt vom eigentlichen Schmerz. Die Nerven in einem verbeulten Profifußballerkopf oder einem geprellten Knöchel werden daher beispielsweise hemmungslos vereist, bis die Nervenbahnen von der betreffenden Stelle praktisch nur noch »Kälte« melden. Dort ist dann jenseits der Kältemeldung praktisch kein Platz mehr für Schmerzbotschaften.

Für den Hausgebrauch sollte man Beulen, anders als auf dem Fußballplatz, dagegen eher bei Kühlschranktemperatur (sechs bis acht) Grad kühlen. Denn zu viel Eis oder zu viel Kältespray kann auf Dauer zu lokalen Erfrierungen auf der Haut und im Gewebe führen, sodass das Ganze später womöglich wieder von vorne losgeht: mit neuen Schmerzen durch eine Art Frostbeule.

8 Licht ins Dunkle

Warum kann man im Dunkeln nichts sehen?

Den vielleicht schönsten Ausführungen zum Thema Dunkelheit zufolge herrscht »in einem luftdicht geschlossenen Kühlschrank (nachdem die Lampe ausgegangen ist) genau ein Nachtigall« – die Maßeinheit für Dunkelheit. Leider stammen diese Ausführungen aus den »13 ½ Leben des Käpt'n Blaubär« von Walter Moers und sind daher wissenschaftlich nicht ganz ernst zu nehmen.

Allerdings hat auch die ernste Physik eine ganze Weile an den Eigenschaften von Licht und Dunkelheit herumgeknobelt. Denn im Laufe der Geschichte haben Physiker festgestellt, dass sich die Eigenschaften von sichtbarem Licht sowohl mit Eigenschaften von Wellen als auch von Licht-Teilchen erklären lassen.

Für die Frage nach der Dunkelheit reicht es indes aus zu wissen, dass man Licht als elektromagnetische Wellen beschreiben kann. Unsere Sinneszellen im Auge haben sich im Laufe der Evolution so entwickelt, dass sie Wellen mit einer Wellenlänge von etwa 400 bis 800 Milliardstel Meter (auch Nano-Meter genannt) wahrnehmen können. Sitzt man nun ohne Lichtquelle in einem dunklen Kellerloch (oder, um bei Walter Moers zu bleiben, in einem geschlossenen Kühlschrank …), sind dort gar keine oder nur sehr, sehr schwache Lichtwellen mit dieser Wellenlänge unterwegs. Das Resultat: Die Sinneszellen im Auge können nichts empfangen. Und wir können nichts sehen. In absoluter Dunkelheit ändert es auch nichts daran, dass sich die Pupillen bei Dunkelheit weiten und so mehr Lichtwellen ins Auge lassen könnten. Wenn gar kein Licht da ist, nützt es nichts, die Öffnungen für Licht größer zu machen.

Wer selbst in die absolute Dunkelheit etwas Licht bringen möchte, kann sich beispielsweise eines aus einschlägigen Hollywoodfilmen bekannten Nachtsichtgeräts oder einer Wärmebildkamera bedienen. Diese Kamera kann auch Wärmestrahlung – also infrarotes Licht mit längeren Wellenlängen – empfangen, das für die Sinneszellen im Auge unsichtbar ist. Die Elektronik solcher Geräte verwandelt die (von der Temperatur in der Umgebung abhängigen) Infrarot-Lichtwellen dann in sichtbares Licht.

9
Haarig I:
Von Damen,
Herren und
Affen

Warum sind Männer stärker behaart als Frauen? Und wieso hat der Mensch überhaupt noch Haare an einigen Körperstellen?

Wenn es um die Erforschung der Haare bis in entlegenste Körperregionen geht, scheuen Wissenschaftler keine Mühe (was insofern berechtigt erscheint, als kaum ein Thema so viele Fragesteller auf den Plan ruft, wie das Thema Haare). Aber vielleicht liegt der Forscherdrang auch daran, dass diese Wissenschaft so richtig Spaß machen kann.

Jedenfalls haben US-Wissenschaftler sogar schon einmal untersucht, was die Schambehaarung so alles aushält. In ihrem Experiment haben sechs freiwillige Paare insgesamt 55 Mal miteinander geschlafen. Danach haben die Forscher jeweils mithilfe eines Kamms untersucht, wie viele Haare von einem Partner auf den anderen übertragen wurden. Natürlich haben sie jedes Mal den Verlauf des Versuchs genauestens protokolliert. Das Ergebnis: In einem Viertel der Fälle wurden Haare von der Frau auf den Mann übertragen, nur in etwa jedem zehnten Fall war es umgekehrt.

Nun hat die Studie zu den Haarresten auf unserem Körper insofern einen ernsten Hintergrund, als solch scheinbar simple Fragen etwa für Gerichtsmediziner von Interesse sind. Viel schwerer aber tut sich die Wissenschaft mit der Antwort darauf, warum dem Menschen überhaupt noch Haare im Intimbereich und unter den Achseln wachsen – während wir den Rest des Fells am Körper (bis auf einen dünnen Flaum) im Laufe der Evolution verloren haben. Offensichtlich muss es also im Vergleich zu unseren behaarten Vorfahren irgendwann von Vorteil gewesen sein, bis auf wenige Stellen fast alle Haare zu verlieren.

Interessanterweise gibt es bei vielen Affenarten noch keine großen Unterschiede im Fellkleid von Männchen und Weibchen, wie man am Deutschen Primatenforschungszentrum in Göttingen weiß. Womöglich hatten stärker behaarte oder farblich auffällige Affenmännchen keinen besonderen Vorteil in der Evolution. Mit anderen Worten: Auch einem Superhaar-Männchen fallen nicht reihenweise Affenweibchen um den Hals, weil sie das sexy finden. Im Gegenteil: Vielmehr ist es bei Affen ohnehin oft üblich, sich in der Gruppe mit mehreren Partnern zu paaren, sodass auch Exemplare mit weniger attraktivem Fell zum Zuge kommen – also kein Fall von Selektion. (Bei Vögeln ist das übrigens anders: Da werden in der Regel Männchen mit besonders auffälligem Federkleid bevorzugt.)

Was aber hatten unsere direkten Vorfahren – und zwar Frauen wie Männer – für Vorteile dadurch, dass sie im Unterschied zu den Affen weniger behaart waren? Eine verbreitete Theorie besagt, dass frühe Menschen es so länger und ausdauernder in ihrem neuen Lebensraum, der heißen Savanne, aushalten konnten als Exemplare mit Fell. Schließlich schwitzt (und kühlt) es sich besser mit nackter Haut als mit Fell. Andere Forscher glauben, dass nackte Exemplare weniger anfällig für gefährliche Parasiten waren, die sich nur im dichten Fell einnisten konnten. Manchmal ist ein äußerlich sichtbarer Unterschied wie die Behaarung aber auch nur eine Nebenwirkung von einem anderen Unterschied: Zum Beispiel sorgen möglicherweise irgendwelche Gene dafür, dass ein Mensch oder ein Tier widerstandsfähiger gegen Krankheiten ist – ganz nebenbei könnte ausgerechnet diese Gen-Kombination dann auch mehr oder weniger Haar sprießen lassen.

Letztlich ist die Körperbehaarung beim Menschen von männlichen Geschlechtshormonen abhängig – und damit sind wir wieder beim Unterschied zwischen Männern und Frauen. Womöglich galten irgendwann in der Vergangenheit weniger behaarte Frauen im Durchschnitt als sexuell attraktiver, jugendlicher und somit fruchtbarer. Umgekehrt hatten womöglich stärker behaarte Männer etwas bessere

Chancen, sich fortzupflanzen – etwa weil man ihnen mehr Manneskraft zuschrieb.

Ganz verzichten wollte die favorisierte Evolutionsmode aber in beiden Fällen dann doch nicht auf das Haarkleid; an bestimmten Stellen durfte immer noch etwas übrig bleiben. Über die Gründe mag weiter spekuliert werden, etwa dass empfindliche Stellen wie der Intimbereich geschützt werden sollten. Wahrscheinlicher ist aber folgende Erklärung: Scham- und Achselhaare sind ein Hinweis darauf, dass ein Mensch geschlechtsreif geworden ist und somit für die Zeugung von Nachkommen infrage kommt. Auch führt die dichtere Behaarung dazu, dass die Haut an den betreffenden Stellen wärmer ist. Dadurch – und mithilfe der dort größeren Oberfläche durch die Haare – werden Duftstoffe intensiver verbreitet, sodass Sexualpartner besser angelockt werden könnten. Auf diese Weise hätte sich dann diese Variante der haarigen Entwicklung unserer Vorfahren durchgesetzt.

Sicher bewiesen ist aber auch diese Theorie nicht. Das Ganze wird noch erstaunlicher, wenn man bedenkt, dass außer dem Menschen gerade mal eine Handvoll der Tausenden von Säugetierarten ohne Fell herumläuft – darunter Elefanten, Nilpferde und Hausschweine. Ob umgekehrt Haarreste an bestimmten Körperstellen heute noch als attraktiver gelten, sei ebenfalls dahingestellt: Glaubt man einer kleinen Studie unter Studierenden an der Uni Leipzig, so entfernen 97 Prozent der Studentinnen und 79 Prozent der Studenten regelmäßig einen Teil ihrer Körperhaare.

10 Haarig II:
Der Widerspenstigen Zähmung
Warum kräuseln sich
Haare bei Regen?

Haare können eine reichlich widerspenstige Angelegenheit sein. Ob sie aber eher glatt, eher lockig oder eher gekräuselt sind, entscheidet sich bereits, bevor sie aus der Kopfhaut sprießen: Je nachdem, ob der Haarschaft rund, oval oder abgeflacht ist, dominiert eine der drei Varianten – und das ganz egal, wie lang man sich die Haare wachsen lässt.

Fragt sich nur, warum wir trotzdem jeden Tag ein wenig anders aussehen, die Haare regelmäßig einen »bad hair day« einlegen oder eben bei Regen wilde Verrenkungen machen. Das wiederum liegt an ihrer besonderen Struktur: Für Chemiker sind Haare nichts anderes als lange Eiweißmoleküle, Keratin genannt. Und diese bestehen aus noch kleineren Bausteinen: aus spiralförmigen Ketten von Aminosäuren.

An dieser Stelle kommen Regenwasser und Luftfeuchtigkeit ins Spiel: Werden die Haare nass, lagern sich die Aminosäureketten neu zusammen. Im positiven Sinne nutzt den gleichen Effekt jeder, der nasse Haare nach dem Duschen in eine bestimmte Form föhnt (oder gar Lockenwickler benutzt): Trocknet das Haar, bleibt die Föhnfrisur zunächst in der gewünschten Form. Dafür sorgen Bindungen zwischen den Aminosäurebausteinen, Experten sprechen von »Wasserstoffbrückenbindungen«.

Besonders stabil ist diese Bindung jedoch nicht. Die Wasserstoffbrücken brechen schnell wieder auf, wenn die Haare erneut nass werden – zum Beispiel wenn man in einen Regenguss gerät. Wenn die Haare dabei gleichmäßig (!) feucht werden, kehren sie dann zurück in ihre ursprüngliche Grundform: gekräuselt, lockig oder glatt. Haarfestiger, Gele und Ähnliches können das zwar abschwächen, aber nicht verhindern.

Glaubt man also der Theorie, sollten sich bei Regen nur jene Haare kräuseln, die auch von Natur aus gekräuselt sind – es sei denn, sie werden ungleichmäßig feucht, sodass die erwähnten Bindungen an einigen Stellen mehr aufbrechen als an anderen. Aber wie gesagt: Haare können eine reichlich widerspenstige Angelegenheit sein …

11 Schmerzen nach Kalender

Warum gibt es Kopfschmerzen und was passiert dabei im Gehirn?

Die *eine* Sorte Kopfschmerzen gibt es eigentlich gar nicht. Ärzte unterteilen die Qualen hinter der Schädeldecke in mehr als ein Dutzend Grundtypen: von der Migräne über den Spannungskopfschmerz bis hin zu Kopfschmerzen nach Infektionen oder nach leichten Vergiftungen.

Zu Letzteren gehört der allseits bekannte Katerkopfschmerz, denn für den Körper wirkt Alkoholkonsum wie eine leichte Vergiftung. Dadurch wird das komplizierte Zusammenspiel aus elektrischen Impulsen und chemischen Signalstoffen im Gehirn gestört, was zu Schmerzen führen kann. Medizinisch betrachtet ist diese Art von Schmerz durchaus sinnvoll: Sie dient als Warnsignal, dass etwas im Körper nicht in Ordnung ist (und im Falle des Katers vielleicht als Warnung, beim nächsten Mal weniger zu trinken).

Anders sieht es bei Migräne aus: Diese Art von attackenartigen Kopfschmerzen, die häufig pulsierend auf einer Seite auftreten, erscheint auch medizinisch als völlig sinnlos. Neben dem Schmerz selbst und seinen Folgen findet man praktisch keine anderen Symptome – also keine Spur von Vergiftungen, Entzündungen oder geschädigtem Gewebe, vor denen der Schmerz warnen würde. Häufige

Auslöser sind aber offenbar Stress und Hormonschwankungen, die im Gehirn dann unter anderem zu störenden elektrischen Aktivitäten führen.

Um herauszufinden, welche Art von Kopfschmerz immer wieder im eigenen Schädel tobt, kann es helfen, ein Tagebuch zu führen. In so ein »Kopfschmerztagebuch« (oder auch »Kopfschmerzkalender«) wird eingetragen, wann der Schmerz begonnen hat, wie lange er dauert und ob er beispielsweise dumpf, pulsierend, einseitig oder beidseitig ist. Aus diesen Einträgen können Ärzte dann schließen, mit welchem Typ Kopfschmerz man es wahrscheinlich zu tun hat – und wie er sich vielleicht auch ohne Medikamente vermeiden lässt.

In einer Befragung unter deutschen Schülern stellte sich übrigens nicht nur heraus, dass Mädchen häufiger an Kopfschmerzen leiden als Jungs, sondern auch, dass Schüler an Gymnasien häufiger über Kopfschmerzen klagen als Hauptschüler. Warum das so ist, weiß man nicht – zumal andere Studien andeuten, dass Menschen mit niedrigerem sozialen Status im Durchschnitt häufiger unter Kopfschmerzen leiden. Bei den Schülern aber wird die unterschiedliche soziale Herkunft als Grund ebenso diskutiert wie unterschiedliche Belastungen durch die Schulstunden und Hausaufgaben.

12 Sinnvolle Seufzer

Warum muss man oft ohne Grund tief Luft holen?

Selbst wenn man einfach nur still dasitzt, passiert es gelegentlich: Man atmet plötzlich ein einziges Mal tief ein und gibt beim Ausatmen vielleicht noch einen entspannten Seufzer von sich. Auf den ersten Blick gibt es dafür tatsächlich keinen erkennbaren Grund. In Wahrheit aber erfüllt das unwillkürliche Luftholen gleich mehrere Funktionen.

Zunächst einmal spült der Körper dabei die Lunge durch. Denn beim flachen Atmen in Ruhe wird die Lunge nur zu einem kleinen Teil ihres Maximalvolumens mit Luft gefüllt. Das tiefe Einatmen ist dann so etwas wie eine Dehnübung, um die volle Funktion (also das volle Volumen) der Lunge aufrechtzuerhalten.

Jenseits dieser rein mechanischen Dehnübung scheint das Ganze aber noch eine zweite Funktion zu haben: Offenbar wirkt tiefes Luftholen gleichzeitig wie ein Reset-Schalter für das Nervensystem, das den Atemrhythmus steuert. Auf diese Weise wird das Taktgefühl unserer Atem-Automatik trainiert. Immerhin muss der Körper darauf vorbereitet sein, bei Gefahr oder körperlicher Anstrengung ebenfalls schnell von einem ruhigen Rhythmus auf eine höhere Atemfrequenz umschalten zu können.

Wie das häufig besonders tiefe Seufzen beim intensiven Luftholen schon andeutet, haben solche Atemäußerungen aber natürlich auch oft mit echten Gefühlen zu tun. So kann

den Menschen in der Umgebung durch entspannte Seufzer ein Gefühl von Sicherheit und Ruhe mitgeteilt werden.
Und die »Ach-habe-ich-es-schwer«- oder »Habe-ich-gerade-
hart-gearbeitet«-Seufzer sind offensichtlich ebenfalls weitverbreitet.

13 Alles nur heiße Luft

Warum fühlt sich Pusten kalt an und Hauchen warm?

34 Grad. Das ist ziemlich exakt die Temperatur, mit der die Atemluft immer (!) den Mund verlässt. Dass man das so genau weiß, liegt am Alkohol, genauer gesagt, an den Polizeikontrollen, bei denen man zum Pusten gebeten wird. Denn was dabei exakt für ein Alkoholwert gemessen wird, hängt auch ein wenig von der Temperatur der Atemluft ab.

Doch ob bei der Polizeikontrolle nun gepustet oder doch eher gehaucht wird: Die Temperatur der Luft direkt am Mund ist in beiden Fällen die gleiche. Der Unterschied zwischen Hauchen und Pusten, den man auf der Haut spürt, wird erst mit zunehmendem Abstand spürbar. Wenn man seinen warmen Haarföhn ins Zimmer pusten lässt, ist das übrigens nicht anders. An der Spitze des Föhns mag es noch so heiß sein: Schon etwa zwei Meter entfernt verursacht der Föhn einen Windhauch, der sich kühl anfühlt.

Die Erklärung: Je weiter man sich von Mund (oder Föhn) entfernt und je stärker der Luftstrom ist, desto mehr mischt sich die warme Luft mit kühlerer Luft aus dem Raum; der Anteil von Wasserdampf und warmer Luft wird mit dem Abstand vom Mund immer kleiner, der Anteil kühlerer Raumluft nimmt zu. Auf der Haut lässt die verwirbelte Luft dann etwas Feuchtigkeit verdunsten; man spürt daher Verdunstungskälte. Beim Hauchen kommt noch ein gegenläufiger Effekt hinzu: Der Wasserdampf, den die Atemluft enthält, schlägt sich zum Teil als Feuchtigkeit auf der Haut nieder. Es passiert also das Gegenteil vom Verdunsten (auch Kondensieren genannt), und statt der Verdunstungskälte spürt man nun Kondensationswärme auf der Haut. Dieser Unterschied verstärkt die unterschiedliche Wirkung von Hauchen und Pusten noch zusätzlich.

Allerdings: Auch warmes Pusten ist möglich! Hält man die Hand beim Pusten fast ohne Lücke vor den Mund, wird plötzlich die Puste warm. Denn viel kalte Raumluft kann sich dann nicht mehr dazwischendrängeln – zwischen die 34 Grad warme und feuchte Atemluft.

14 Hatschi mit Tempo 150

Kann man sich durch Niesen die Rippen brechen oder sogar sterben?

Dass Niesen tödlich enden kann, gilt wohl vor allem für jene, die gleichzeitig etwas Gefährliches tun: etwa einen Kampfjet fliegen oder Auto fahren – und dann beim Niesen vom Kurs abkommen. Trotzdem kann auch das Niesen selbst gefährlich sein – insbesondere dann, wenn man versucht, es zu unterdrücken. In der medizinischen Literatur findet man Berichte über Fälle, bei denen Menschen durch Husten und Niesen ihr Gehör verloren oder sich tatsächlich einige Rippen gebrochen haben.

Um das zu verstehen, muss man sich klarmachen, welch gewaltiger Druck hinter so einem simplen »Hatschi« steckt: Die Luft schießt mit mehr als 100 Kilometern pro Stunde aus der Nase; als Spitzengeschwindigkeit wurden schon über 150 Kilometer pro Stunde gemessen. Diese Geschwindigkeiten erreicht der Körper, indem der Niesreflex dafür sorgt, dass sich die Atemwege verengen, während gleichzeitig die Atemmuskulatur die Luft in der Lunge zusammenpresst. Dabei entsteht ein Überdruck, bis sich die Atemwege schließlich öffnen und die Luft explosionsartig herausschießt. Und wenn der Explosionsdruck nicht schnell genug auf dem vorgesehenen Weg durch die Nase entweichen kann, richtet er eben womöglich an anderer Stelle im Körper Schaden an. Zwar kann man bei aufkommendem Niesreiz mit einigen Tricks noch versuchen, die Nerven abzulenken (etwa indem man Druck auf

Nase oder Lippen ausübt). Wenn man das »Hatschi« aber erkennbar nicht mehr bremsen kann, sollte man sich lieber geschlagen geben. Dann gilt: Lasst alles raus!

Niesen kann viele Ursachen haben: Im Regelfall versucht der Körper damit, Fremdkörper (Staub, Pollen, Krankheitserreger) aus den Atemwegen herauszuschleudern. Aber auch grelles Licht kann einen Niesreflex auslösen – vermutlich, weil einige Nervenleitungen von Auge und Nase im Kopf dicht beieinanderliegen und wie bei einem Kurzschluss der Funke überspringt. Aber auch psychologische Ursachen gibt es: Ärzte berichten von dem Fall eines Patienten, der 2000 Mal am Tag niesen musste. Dass auch das nicht gesund sein dürfte, kann man sich denken.

15 Rasende Wellen

Warum ändert sich der Ton eines Rennwagens beim Vorbeifahren?

»liiiii…uuummh« – das Geräusch eines vorbeifahrenden Rennwagens kann fast jeder nachmachen: Der Ton wird lauter, wenn sich das Fahrzeug nähert, und wieder leiser, wenn es sich entfernt. Gleichzeitig ist der Ton die erste Zeit höher, und er wird tiefer, nachdem das Fahrzeug vorbeigefahren ist. Ein ähnliches Klangmuster kann man bei der Sirene eines vorbeirasenden Krankenwagens beobachten.

Dass der Ton lauter und wieder leiser wird, ist leicht erklärt: Die Schallwellen sind intensiver, je näher der Wagen (also die Schallquelle) kommt. Und je stärker die Schallwellen sind, desto lauter nehmen wir das Geräusch natürlich wahr.

Warum aber ist der Ton zunächst höher und dann tiefer? Dazu muss man wissen, dass hohe Töne durch hohe Frequenzen zustande kommen, also durch besonders schnell aufeinanderfolgende Schallwellen. Wenn das Fahrzeug auf uns zurast, folgen diese Schallwellen schneller aufeinander als bei Stillstand. Denn zu der eigentlichen Geschwindigkeit der Wellen kommt noch die Geschwindigkeit des Fahrzeugs dazu. Die Zeit zwischen zwei Wellen wird dadurch immer kürzer, die ursprüngliche Frequenz und damit der Ton werden immer höher, je näher das Fahrzeug kommt.

Bewegt sich das Fahrzeug dann wieder weg, ist es genau umgekehrt: Die Schallwellen kommen in längeren Abständen bei uns an, da das Fahrzeug zwischen jeder Wellenfront ein Stück wegfährt. Die Frequenz wird dadurch zu einem tieferen Ton hin verschoben.

Physiker nennen dieses Phänomen Doppler-Effekt, benannt nach dem österreichischen Physiker Christian Doppler.

16 Sind wir bald da …?

Warum hat man oft das Gefühl, dass der Rückweg kürzer ist als der Hinweg?

Um das verbreitete Gefühl des kürzeren Rückwegs zu testen, haben Max-Planck-Wissenschaftler aus Tübingen Ende der 1990er-Jahre einmal recht großen Aufwand betrieben. Sie ließen Versuchspersonen auf einem Feldweg hin- und herlaufen und die Zeit abschätzen, die sie gelaufen waren. Und tatsächlich: Die Versuchspersonen schätzten die Zeit, die sie für den Rückweg gebraucht hatten, um durchschnittlich zehn Prozent kürzer als für den Hinweg. Das funktionierte in weiteren Experimenten sogar, ohne dass sich jemand dafür bewegen musste: Eine entsprechende Fahrt auf der Kinoleinwand, die man den Versuchspersonen vorgespielt hatte, lieferte ein ähnliches Ergebnis.

Warum der Rückweg als kürzer erlebt wird, ist allerdings eine schwierige Frage. Wahrnehmungspsychologen haben zumindest eine Vermutung: Offenbar neigen Menschen dazu, die vergehende Zeit danach abzuschätzen, was sie in dieser Zeit erleben. Bekommt das Gehirn ordentlich etwas zu arbeiten, wenn also richtig viel passiert, hat man hinterher oft das Gefühl, dass das alles ziemlich lange gedauert hat – schließlich hat man ja eine Menge zu verarbeiten bekommen.

Bezogen auf das Erleben von Hin- und Rückweg, würde das bedeuten: Auf dem Rückweg nimmt man die vielen Eindrücke am Wegesrand gar nicht mehr so intensiv wahr. Das Gehirn meldet ständig: »Hier ist nix los, kennen wir alles schon« – und man hat nach der Fahrt das Gefühl, kaum etwas Neues erlebt zu haben. Daher kommt einem der Rückweg kürzer vor als der Hinweg, bei dem alles noch neu und voll von Eindrücken war.

Diese Erklärung ist aber nur die Vermutung einiger (und längst nicht aller) Wahrnehmungspsychologen. Zudem hat die Sache gleich mehrere Haken: Wer beim Arzt langweilige 45 Minuten warten muss, empfindet die Zeit dort erfahrungsgemäß eher als lang im Vergleich zu ereignisreichen 45 Minuten im Fußballstadion – ein gewisser Widerspruch also zu der genannten Erklärung. Und in den Experimenten der Tübinger Forscher änderte sich die Illusion vom kürzeren Rückweg auch nicht, nachdem die Testpersonen das Experiment mehrfach wiederholt hatten und den Feldweg in beiden Richtungen gut kannten. Das entscheidende Ereignis war hier vielmehr die Richtungsumkehr, also quasi das Zurückspulen des gerade Erlebten auf dem Rückweg (wobei auf einem Feldweg allerdings keine der beiden Richtungen sonderlich aufregend gewesen sein dürfte).

Egal ob Hin- oder Rückweg: Es bleibt jenseits Theorie jedenfalls noch genug Platz für weitere Experimente und Kinderspiele der Art »Sind wir bald da?« oder »Ich muss mal«, mit denen man lange Autofahrten bekanntlich ebenso verkürzen wie verlängern kann.

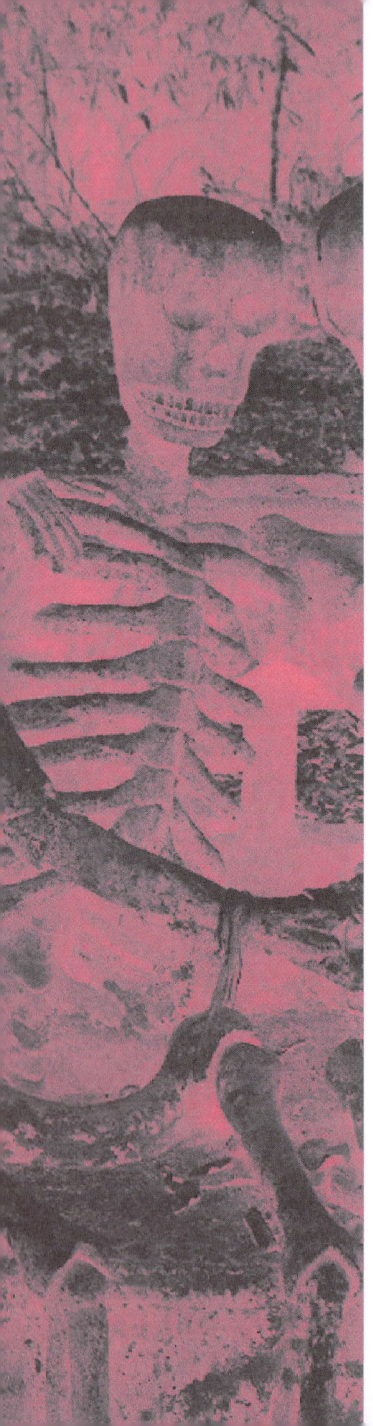

**17
Gruselige
Nagelprobe**

Wachsen Haare
und Nägel
nach dem Tod
tatsächlich
weiter?

In einschlägigen Krimis und Gerichtsmediziner-Serien darf die Stelle kaum fehlen, wo der »Todeszeitpunkt« eines Opfers bestimmt wird (aus dem sich dann natürlich möglichst geniale Schlussfolgerungen des Kommissars ableiten lassen). Würde man die gleiche Szene in der Gerichtsmedizin von einem Zellbiologen sprechen lassen, so würde der statt eines Todeszeitpunkts wohl lieber von einem »Todeszeit-*raum*« sprechen. Denn verschiedene Zellen des Körpers leben noch eine Zeit lang weiter, nachdem das Herz aufgehört hat zu schlagen – obwohl sie ohne den Blutkreislauf nicht mehr mit Nahrung und Sauerstoff versorgt werden. Wie lange, hängt vor allem davon ab, wie gut die einzelnen Zellen des Körpers mit Sauerstoffmangel klarkommen.

Dieser Zeitraum nach dem Herztod ist für verschiedene Zellen äußerst unterschiedlich: Hirnzellen sterben schon nach wenigen Minuten. Muskelzellen können mehrere Stunden ohne Sauerstoff überleben (daher ist es auch keine Hollywood-Erfindung, dass die Muskeln von Toten noch zucken können, wenn man sie von außen reizt). Schweißdrüsen reagieren unter Umständen noch einen Tag nach dem Herzstillstand auf Adrenalin. Mit am längsten überleben Spermienzellen: Sie kommen mehrere Tage ohne Sauerstoff aus.

Daraus könnte man nun voreilig schließen, dass Zellen an Haarwurzeln und Fingernägeln ebenfalls noch lange Zeit weiterwachsen. Denn bei Bestattungsunternehmen ist das Phänomen tatsächlich bekannt: Ein Verstorbener wird frisch rasiert und schön gemacht, aber bis er dann wirklich bestattet werden kann, hat er wieder einen Stoppelbart und lange Fingernägel. Mit dem Weiterleben der Zellen von Haut und Haar nach dem Herztod ist das allerdings nicht zu erklären. Denn in wenigen Stunden wächst kein Fingernagel so stark, dass man das sehen könnte.

Die Erklärung ist also eine andere: Nicht Haare und Nägel wachsen, sondern die Haut und das umliegende Gewebe trocknen langsam aus und ziehen sich zurück. Wenn Haare und Nägel danach weiter überstehen als vor dem Schrumpfen der Haut, sieht es nur so aus, als wären sie nach dem Tod weitergewachsen.

70

18 Reizend!

Warum kratzt man sich – und hilft das wirklich gegen Juckreiz?

Sosehr er auch manchmal stören mag: Juckreiz ist ein normaler Selbstschutzmechanismus des Körpers. Genauso wie bei Schmerz, Kälte und Hitze teilen Sensoren in der Haut dem zentralen Nervensystem mit, dass womöglich irgendetwas nicht in Ordnung ist da draußen, auf der Körperoberfläche.

Der erste Reflex ist dann natürlich, mögliche Ursachen zu beseitigen. Immerhin könnten ja Fremdkörper wie Gräserpollen oder auch mal Dreck auf der Haut kleben, die sich im wahrsten Sinne des Wortes abkratzen lassen.

Aber auch wenn das nicht der Fall ist, bringt leichtes Kratzen oft Linderung. Wie das genau funktioniert, ist bislang erst zum Teil erforscht. Offenbar übertüncht der starke mechanische Reiz des Kratzens den leichteren Juckreiz. Das Nervensystem sortiert eingehende Reize nach ihrer Wichtigkeit und blendet weniger Wichtiges aus, sobald ein stärkerer Reiz auftritt. Dafür spricht, dass der Juckreiz auch verschwinden kann, wenn man nicht direkt auf, sondern ein wenig neben der eigentlich juckenden Stelle kratzt.

Wie meistens kommt es dabei allerdings auf die Dosis an: Wer so heftig kratzt, dass die Haut verletzt wird, verspürt nach der ersten Linderung womöglich ein stärkeres Jucken als vorher. Wenn sich dann noch Bakterien in die verletzte Stelle einnisten, geht es dort womöglich erst richtig los.

Gleiches gilt, wenn reizende oder giftige Substanzen – etwa nach einem Insektenstich – durch das Kratzen einmassiert und in der Haut erst so richtig gut verteilt werden.

In vielen Fällen hat der Juckreiz überhaupt keine äußerlich erkennbare Ursache, zum Beispiel wenn die Nervenleitungen durch Stressfaktoren oder andere Erkrankungen selbst verrückt spielen. Als sanftes Gegenmittel jenseits von Medikamenten kann man es dann mit gezielter Ablenkung versuchen. In jedem Fall gilt aber: Wenn schon kratzen, dann nur ganz vorsichtig!

19 Pissoir-Phobien

Warum können Männer auf der Toilette manchmal nicht pinkeln, wenn andere dabei sind?

Das Phänomen ist inzwischen längst in der medizinischen Literatur beschrieben: Ärzte nennen die Hemmungen auf öffentlichen Toiletten »Paruresis« oder »Shy Bladder Syndrome«. Die eindrucksvollen Namen bedeuten aber nicht, dass man so ein Phänomen gleich in jedem Fall als Krankheit ansehen muss. Denn gelegentlich neigen Ärzte und die Pharmaindustrie auch dazu, Krankheiten zu erfinden, indem bereits ungewöhnliche Reaktionen des Körpers für behandlungsbedürftig erklärt werden.

Wie aber kommt es nun zu dieser Reaktion? Anders als bei vielen sonstigen Problemen beim Wasserlassen (zum Beispiel bei einer Prostata-Entzündung) scheint es sich bei der Pinkelangst vor allem um ein psychologisches Phänomen zu handeln. So ähnlich wie schüchterne Menschen in bestimmten Situationen leichter erröten, gibt es auch hier eine körperliche Reaktion – nur dass das in diesem Fall dazu führt, dass sich untenherum etwas verkrampft.

Manche Ärzte versuchen die Entstehung solch einer »schüchternen Blase« damit zu erklären, dass die Betroffenen nicht nur (womöglich unbewusst) eine schüchterne Veranlagung haben, sondern den Gang auf öffentliche Toiletten innerlich als eine Art Auftritt oder gar als Wettbewerb ansehen. Manch einer hatte vielleicht auch einmal ein unangenehmes Erlebnis als Auslöser: etwa, dass er beim Arzt eine Urinprobe abgeben sollte, was dann aber nicht funktioniert hat.

Daher lautet eine simple Empfehlung für Betroffene, sich klarzumachen, dass es sich beim Pinkeln um einen normalen körperlichen Vorgang handelt. Und bei dem geht es, wie es Ärzte einer Selbsthilfegruppe einmal formuliert haben, eben nicht darum, »schnell genug, laut genug und perfekt genug« zu sein. Neben der Psyche als Grund vermuten Ärzte als weiteren Grund eine gewisse organische Veranlagung im Bereich von Harnleiter und Blase, die die Blockade bei manchen Menschen besonders begünstigt.

Glaubt man Zahlen aus den USA (in der Hoffnung, dass die »Krankheitserfinder« diese nicht künstlich hochgerechnet haben), wird der Anteil der ernsthaft Betroffenen dort auf sieben von hundert Männern geschätzt. In Deutschland sollen es etwa drei von Hundert sein. Der Hinweis auf das Interesse der Medizin-Industrie an solchen Leiden soll aber nicht darüber hinwegtäuschen, dass das Phänomen im Einzelfall enorme Einschränkungen bedeuten kann: Manche Betroffene gehen aus Angst nicht mehr zum Sport, meiden öffentliche Veranstaltungen oder sogar ein auswärtiges Essengehen.

20 Hungersignale
Warum knurrt der Magen?

Dass Menschen am Bauch (jedenfalls im Idealfall) aus Muskelpaketen bestehen, ist für jedermann sichtbar. Weit weniger offensichtlich ist die Muskelkraft, die sich hinter der Bauchdecke verbirgt. Denn auch der Magen ist ein (längliches) Muskelpaket. Es knetet die Nahrung durch und presst sie dann weiter in Richtung Darm. Solange der Magen voll mit Nahrung und Flüssigkeit ist, funktioniert das weitgehend geräuschlos.

Anders dagegen, wenn der Magen leer – oder besser: fast leer – ist. Denn streng genommen ist der Magen nie ganz leer, sondern enthält immer Reste von Flüssigkeiten (etwa Speichel und Magensaft) und natürlich auch Luft. Wenn der Magen dann eine solche Mischung aus Luft und Flüssigkeitsresten durchknetet und in Richtung Darm presst, entsteht das Magenknurren; manche Leute vergleichen das sogar mit dem Prinzip eines Dudelsacks.

Besser kann man den Unterschied zwischen voll und (fast) leer aber vielleicht mit dem Abfluss in der Badewanne vergleichen: Solange die Wanne voll ist, fließt das Wasser weitgehend geräuschlos ab; erst am Schluss, wenn die Wanne fast leer ist und sich im Abflussstrudel mehr Luft in das Wasser mischt, entsteht ein gurgelndes Geräusch.

Bleibt noch die Frage nach dem Sinn des Ganzen: Was will uns unser Magen damit sagen? Natürlich kann man annehmen, dass er uns mitteilen möchte, dass man Hunger hat (und das womöglich auch all jenen, mit denen man gerade in einer viel zu langen Besprechung oder in einer langweiligen Schulstunde sitzt). Vielleicht gibt es aber auch keinen tieferen Sinn, und das Knurren ist einfach nur eine Nebenwirkung unseres Verdauungssystems – sozusagen ein unvermeidliches Motorengeräusch unserer inneren Bauchmuskeln.

76

21 Fette Erbschaft

Wieso werden manche Leute schnell dick und manche bleiben dünn, obwohl sie das Gleiche essen und sich gleich viel bewegen?

Was früher eher nach einer billigen Ausrede für schwabbelige Bäuche und dicke Schenkel angesehen wurde, scheint sich inzwischen mehr und mehr zu bestätigen: Fettleibigkeit hat viel mit Veranlagung zu tun. Oder wie Wissenschaftler sagen: mit einer »genetischen Komponente«.

Wie groß der Einfluss der Gene aufs Gewicht genau ist, darüber gibt es allerdings sehr unterschiedliche Schätzungen: Mal sprechen die Forscher von 60 Prozent, mal von 50 Prozent, mal sind es wieder andere Zahlen. Daran kann man schon erkennen, dass selbst Dickwerden – genetisch betrachtet – eine komplizierte Angelegenheit ist, an der nicht nur ein einzelnes Gen, sondern viele verschiedene Genvarianten beteiligt sind.

Vor allem aber ist an der Angelegenheit ganz wesentlich beteiligt, was und wie viel man isst und wie viel man sich bewegt: also die Bilanz zwischen Energiezufuhr und Energieverbrauch. Denn in den meisten Fällen führt eine Veranlagung zu Übergewicht nicht automatisch dazu, dass jemand auch dicker wird. Es ist eher so, dass schlechte Ernährung und Bewegungsmangel bei diesen Menschen stärker durchschlagen als bei Menschen ohne eine solche Veranlagung. Das erklärt auch die Frage, wieso das

gleiche Essverhalten auf der Waage durchaus unterschiedlich schwerwiegende Folgen haben kann. Nur in ganz seltenen Fällen kann eine schwere Stoffwechselstörung dazu
führen, dass jemand gänzlich essen kann, was er oder sie
will, ohne dabei zuzunehmen.

Eigentlich ist es aber fast erstaunlich, dass der Körper
seinen Energiehaushalt in der Regel recht gut im Griff hat.
Immerhin muss dazu ein komplexes Kontrollsystem aus
Nerven und Botenstoffen ständig genau regulieren, wie
viel Zucker umgewandelt und als Fettvorrat für magere
Zeiten angelegt wird, wie viel gerade in den Muskeln ver-
brannt werden muss und wie viel man gerade essen soll.
Da grenzt es eher an ein Wunder, dass unser Gewicht nicht
noch leichter aus dem Ruder läuft.

22 Aromatischer Schweiß

Warum stinken Füße?

Dass stinkende Füße irgendwie mit Schweiß zu tun haben, weiß jeder. Dabei riecht frischer Schweiß zunächst nicht einmal schlecht (sonst wäre es in der Sauna wohl unerträglich). Erst wenn der Schweiß durch Bakterien zersetzt wird, die auf der Haut ihren natürlichen Lebensraum haben, wird es unangenehm. Es entstehen Stoffe wie Buttersäure, die wie ranzige Butter (oder noch schlimmer) riechen.

Die Frage ist nur: Warum passiert das vor allem an den Füßen? Zum einen gibt es dort besonders viele Schweißdrüsen, die die Haut immer ein wenig feucht und geschmeidig halten. Immerhin wird auf keinem anderen Körperteil den ganzen Tag so viel herumgedrückt und gequetscht wie auf den Füßen. Zum anderen ist es in engen Schuhen besonders warm und kuschelig für die Bakterien, die sich dann gut vermehren und von Substanzen aus dem Schweiß ernähren. Als Abfall bleibt dann das zurück, was man leider manchmal sehr deutlich riechen kann.

Der praktische Tipp
Praktisch veranlagte Naturwissenschaftler wissen: Rein chemisch betrachtet ist der Fußgeruch zum Teil gar nicht so weit weg von wunderbaren Apfel- oder Ananasdüften – womöglich eine unangenehme Wahrheit für Bonbon-Liebhaber. Denn da sich Buttersäure und ähnliche Substanzen recht leicht in wohlriechende Stoffe verwandeln lassen, werden in der Industrie daraus Fruchtaromen hergestellt.

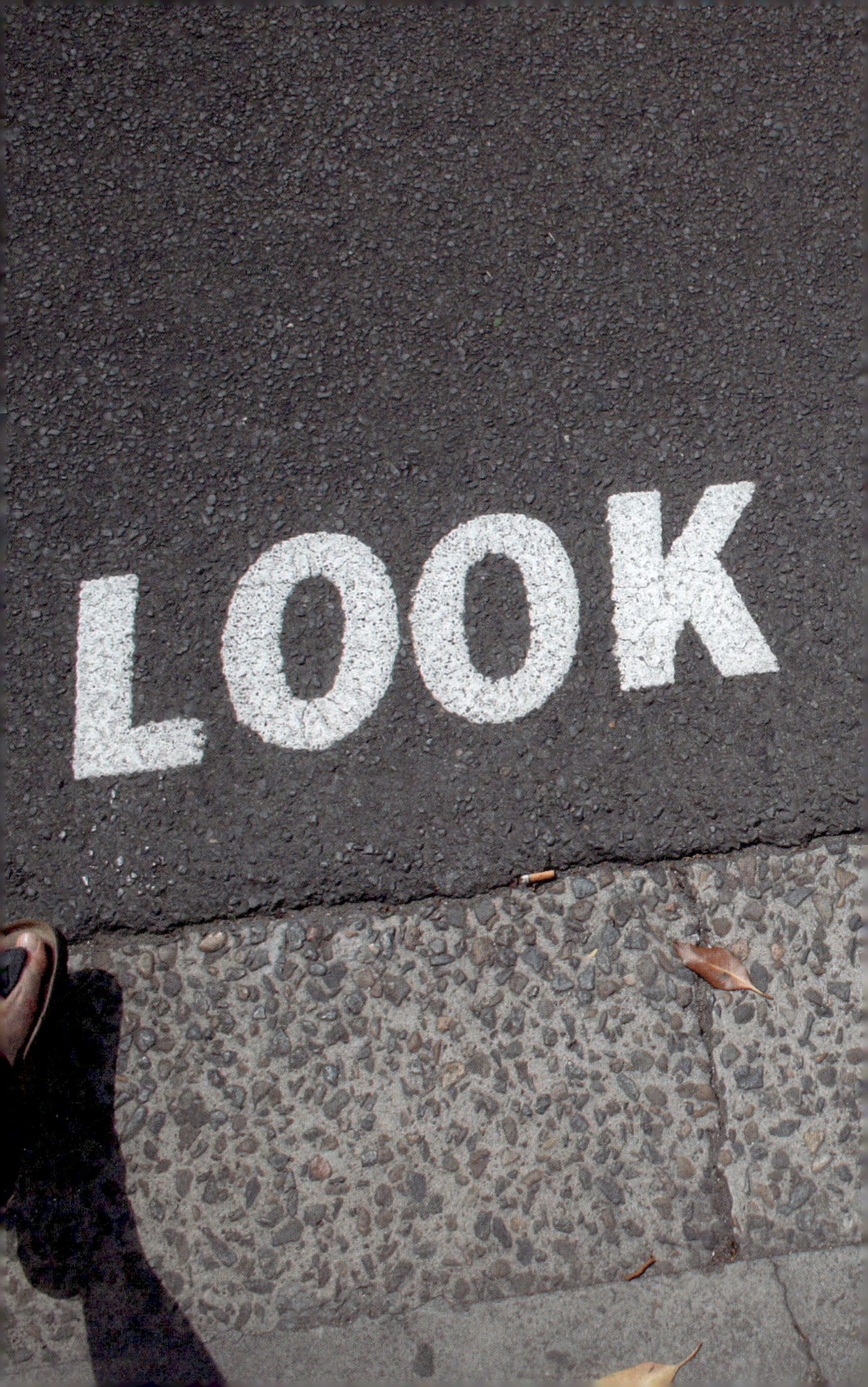
LOOK

RIGHT →

**23
Verlinkt**

**Warum gibt
es mehr
Rechtshänder
als
Linkshänder?**

Von zehn Menschen ist im Durchschnitt nur etwa einer Linkshänder. Und diese Bevorzugung beginnt offenbar schon im Mutterleib, denn angeblich lutscht sogar die Mehrzahl der Babys, bevor sie auf die Welt kommen, lieber am rechten Daumen.

Zumindest liegt es nahe, dass die größere Beliebtheit für die linke oder rechte Seite zum Teil schon vererbt wird. Allerdings lässt sich diese auch umtrainieren. Zeitweise galt die linke Hand als so unpopulär, dass man versucht hat, Linkshänder ihre Vorlieben abzugewöhnen. In einer Studie kamen britische Wissenschaftler daher zu dem Ergebnis, dass bei Menschen mit Geburtsjahr um 1900 nur drei Prozent Linkshänder waren – statt heute beobachteten gut zehn Prozent.

Die britischen Forscher werteten dazu Filme aus, die zwischen 1897 und 1913 in Nordengland entstanden waren. Dabei analysierten sie vor allem Bilder von Menschen, die im Film winkten, und verglichen diese Bilder unter anderem mit Bildern von winkenden Menschen heute, die sie mit einer Google-Suche finden konnten.

Nun ist der genaue Anteil der Linkshänder immer auch von der Definition abhängig. So scheint es recht viele Menschen zu geben, die zwar bevorzugt mit links winken (dem Kriterium in der britischen Studie), aber dennoch mit rechts schreiben. Und interessanterweise scheinen Männer im Durchschnitt etwas häufiger die linke Hand zu favorisieren.

Die Frage, welche Seite man bevorzugt, hat dabei weniger mit der Hand selbst als mit der Organisation im Gehirn zu tun. Dort steuern die Gehirnhälften die Feinmotorik weitgehend über Kreuz: Das Schreiben mit der rechten Hand wird vor allem von der linken Gehirnhälfte gesteuert, die linke Hand vor allem von der rechten Hälfte.

Auch im Tierreich hat man bevorzugte Seiten beobachtet. Selbst einige Tiere, die zwischen mehr als nur zwei Armen auswählen können, haben einen bevorzugten Arm – Tintenfische zum Beispiel. Was nun aber in der Evolution der Vorteil war, der dazu führte, dass mehr Menschen Rechtshänder als Linkshänder wurden, konnte bisher noch niemand überzeugend beantworten. Auch heute gibt es im Alltag ja eigentlich keinen Grund, warum Linkshänder aussterben sollten – von kleineren Unannehmlichkeiten beim Schreiben abgesehen. Denn wenn man von links nach rechts schreibt, müssen Linkshänder mehr aufpassen, dass sie dabei die Tinte nicht verwischen.

24 Grippe im Rhythmus

Warum werden Krankheitssymptome gegen Abend oft schlimmer?

Tatsächlich treten viele Krankheiten über den Tag verteilt unterschiedlich häufig auf. Und auch die Schwere der Symptome folgt oft einem Tagesrhythmus. So ist Asthma in der Regel nachts am schlimmsten, Herzinfarkte kommen am häufigsten in den Morgenstunden vor, und für Zahnschmerzen ist der Mensch am späten Nachmittag viel weniger empfindlich als während der Nacht.

Neben äußeren Einflüssen wie Stress oder der körperlichen Aktivität, die den Tag über schwanken, liegt das vor allem an einem: dem fest eingespeicherten Tag-Nacht-Rhythmus vieler Zellen im Körper. Im Laufe der Evolution haben die Zellen regelrecht gelernt, ungefähr im 24-Stunden-Rhythmus zu ticken. Nicht zuletzt durch diese »innere Uhr« bekommt der ganze Stoffwechsel des Körpers einen bestimmten Tagesverlauf – was verschiedene Krankheitssymptome den Tag über schlimmer machen kann, manchmal umgekehrt aber auch mildert.

Was nun eine echte Grippe oder eine einfache Erkältung angeht, so sind bestimmte Symptome sogar am Morgen stärker: Wissenschaftler haben einmal ganz ernsthaft gezählt, wie oft Patienten den Tag über gehustet und wie viele Taschentücher sie verbraucht haben. Bei beiden Zählungen gab es den Höchststand im Durchschnitt eher in den Morgenstunden.

Allerdings gibt es beim Krankheitsrhythmus auch individuelle Unterschiede zwischen einzelnen Patienten. Und wenn man sich mit seiner Erkältung oder Grippe entgegen der Taschentücherstatistik am Abend besonders elend fühlt, kann das noch an etwas anderem liegen: Der Körper ist abends ganz einfach ausgepowert und müde, sodass die normale Erschöpfung nach einem langen Tag noch auf die Grippesymptome obendrauf kommt. Außerdem steigt die normale Körpertemperatur den Tag über immer leicht an – und das gilt dann leider auch für das Fieber bei einer Grippe.

DAS BISSCHEN HAUSHALT:

Überleben in den eigenen vier Wänden

Schloss, besetztes Haus, Altbauwohnung mit allem Chichi, Studenten-WG, Reihenhaus, Platte, Bauernhof oder Block – egal wie und wo man wohnt, man hat ihn an der Backe und muss ihn managen: den eigenen Haushalt. Manche meistern die Nummer mit links, für andere ist es, als würde man jeden Tag nackt in einem malaysischen Bergdschungel ausgesetzt werden.

Die folgenden Fragen und Antworten sind für alle, die nicht mehr im Hotel Mama residieren und sich noch kein Personal leisten können. Und für alle anderen, die ihr Personal besser beaufsichtigen wollen.

25 Pizza-Notruf
Wer kommt schneller: der Pizzaservice oder ein Rettungswagen?

Wie das fiktive Rennen zwischen Pizzabäcker und Rettungswagenfahrer ausgeht, hängt vom Fahrstil des Pizzalieferanten ebenso ab wie von der Wohngegend. Denn wie schnell ein Rettungswagen kommen sollte, ist in Gesetzen und Verordnungen vorgeschrieben. Das allerdings ist – wie sich das in einem ordentlich durchföderalisierten föderalistischen Staat gehört – in jedem Bundesland oder sogar in jedem Landkreis ein wenig anders.

In vielen Bundesländern hält man es für ausreichend, wenn Rettungs- oder Notarztwagen in der Stadt binnen zehn oder zwölf Minuten vor Ort sein können; andere verlangen acht Minuten. Wer auf dem Land lebt, muss generell mit einer etwas längeren Wartezeit rechnen: Dort gesteht man den Rettungsdiensten meist 15 Minuten zu.

Was nach einem kleinen Unterschied aussieht, kann über Leben und Tod entscheiden. So erhöht sich die Überlebensrate von Notfallpatienten deutlich, wenn diese binnen kürzester Zeit auf eine Intensivstation eingeliefert werden können. Und bei einem Kreislaufstillstand, etwa durch einen Herzinfarkt, bleiben ganze fünf bis sieben Minuten Zeit, bevor ein Patient verloren ist. Das heißt: Wenn keiner vor Ort Erste Hilfe leistet, kommt der Rettungsdienst in solchen Fällen meistens zu spät (also durchaus ein Grund, mal wieder einen Erste-Hilfe-Kurs zu machen!).

Die Zeit, die ein Rettungswagen braucht, wird übrigens bei jedem Einsatz möglichst genau gestoppt. Und wenn der Rettungsdienst in einer Gegend häufig Verspätung hat, bleibt das nicht ohne Folgen. Unter Umständen muss dort dann ein zusätzlicher Stützpunkt eingerichtet werden, damit die Zeitvorgaben (im Fachjargon »Hilfsfristen« genannt) künftig wieder eingehalten werden können – und der Pizzaservice nicht doch irgendwann den Krankenwagen schlägt.

26 Abwaschwissenschaften

Ist eine Spülmaschine tatsächlich umweltschonender als das Spülen von Hand?

Man nehme pro Person 140 Teller, Tassen und sonstiges Geschirr und verdrecke sie nach allen Regeln der wissenschaftlichen Kunst: mit Haferflocken, Milch, Ei, Hackfleisch, Tee, Spinat und Margarine. Dann lässt man das im Dienste der Forschung verschmutzte Geschirr noch zwei Stunden antrocknen, bevor insgesamt 75 Testspüler aus sieben Ländern ordentlich schrubben müssen. Das Ergebnis dieser großen europäischen Spülstudie an der Universität Bonn: Die sparsamsten Spültypen kamen mit weniger als 20 Litern Wasser aus, während der Rekordhalter 345 Liter durch den Abfluss jagte.

Angesichts solcher Unterschiede wird schnell klar: Wie umweltschonend das Spülen von Hand ist, hängt natürlich davon ab, mit welchem Spülstil man es zu tun hat. Die Bonner Wissenschaftler identifizierten unter ihren Testpersonen gleich drei verschiedene Spültypen: Den »Super-Spüler« (der größten Wert auf blitzblankes Geschirr legt), den »Spülsparer« (der mit möglichst wenig Wasser, Energie und Spülmittel auskommen will) und den »Sorglos-Spüler« (dem es nicht nur total egal ist, wie viel Wasser und Energie er verbraucht, sondern auch, wie sauber das Geschirr hinterher wirklich ist).

Der Spülstil scheint dabei eine sehr persönliche Angelegenheit zu sein, jedenfalls waren die Unterschiede zwischen einzelnen Personen meist größer als zwischen einzelnen Ländern. Und dennoch: Im Durchschnitt waren die britischen und deutschen Testspüler in der Studie am sparsamsten, dafür war der Abwasch im spanischen Team deutlich sauberer als etwa bei den Deutschen.

Trotz der individuellen Unterschiede: Zum Vergleich mit der Durchschnittsspülmaschine eignet sich der europäische Durchschnittsspüler dann wohl doch. Wenn wir nun annehmen, dass die Bonner Testspüler nicht von der Spülmaschinenindustrie bestochen waren (und immerhin scheinen sie sich mit dem Freiburger Öko-Institut einig zu sein), dann glauben wir den Wissenschaftlern einfach, dass der Durchschnittsspüler am Spülbecken für das Standardgeschirr 88 Liter und 2,4 Kilowattstunden Energie verbraucht. Da liegt ein modernes Geschirrspülgerät mit (laut Öko-Institut) inzwischen unter zwölf Litern und rund einer Kilowattstunde pro Spülgang deutlich darunter.

Inzwischen wurde die erste große Bonner Studie in unterschiedlichen Varianten wiederholt. Und trotz gelegentlicher leichter Verbesserungen der Handspüler schneidet die Geschirrspülmaschine auch dabei in aller Regel besser ab. Das jedenfalls gilt, sofern man die Maschine nicht für jede einzelne Tasse an- und das Gerät selbst nicht schon nach einem Jahr wieder wegwirft. Denn natürlich fressen auch die Herstellung und Entsorgung einer Spülmaschine Energie, was im Vergleich zum täglichen Gebrauch allerdings weniger ins Gewicht fällt.

27 Keine Haftung!
Wenn nichts an Teflon klebt, wie klebt Teflon dann an der Pfanne?

An Teflon haftet wirklich fast nichts – außer Teflon selbst. Daher wird so eine Pfanne in mehreren dünnen Schichten hergestellt: Man trägt flüssiges Teflon auf, lässt es anbacken und trägt nach dem Trocknen die nächste Schicht auf, die wieder angebacken und getrocknet wird. Die Teflonbeschichtung wird also, wie eine gute Lackierung, nicht auf einmal, sondern nach und nach aufgetragen.

Das größte Geheimnis ist natürlich die unterste Schicht, die direkt auf der Metalloberfläche der Pfanne sitzt. Dieses Geheimnis aber gibt die amerikanische Chemiefirma, die das Patent auf Teflon besitzt, nur zum Teil preis: Das Metall wird zunächst aufgeraut, zum Beispiel mit einer Art Sandstrahl. Dadurch wird die Oberfläche des Metalls vergrößert, was die Haftung der nächsten Schicht verbessert. Dann wird unter Druck eine spezielle Chemikalie aufgesprüht, die anschließend auf der Metalloberfläche eingebacken wird. Auf ihr werden dann die weiteren Teflonschichten aufgetragen und eingebacken – wie schon oben beschrieben.

Dass auf der obersten Teflon-Oberfläche dann nichts haftet, hat mit der besonderen Molekülstruktur des Materials zu tun. Denn Teflon ist ein Fluor-haltiger Kunststoff, in dem Fluor-Atome in einer langen Reihe mit Kohlenstoffatomen verbunden sind. Durch die fast militärisch strenge Aufreihung und die feste Bindung zwischen Fluor und

Kohlenstoff kommt an diesen Molekülen praktisch nichts vorbei – und alles perlt ab.

Wer übrigens immer noch glaubt, dass dieses Teflon ein Nebenprodukt der Weltraumforschung ist, muss leider enttäuscht werden: Teflon ist ein Zufallsprodukt aus dem Labor, das bei der Suche nach einem neuen Kühlmittel erstmals im Jahr 1938 versehentlich hergestellt wurde. Und 1938 war im All bekanntlich noch nicht viel los.

28 Harte Sachen im Kühlschrank

Warum bleibt Margarine im Kühlschrank weich, Butter aber nicht?

Auch wenn sie sich so ähnlich sehen, handelt es sich bei Butter und Margarine – jedenfalls für Chemiker – um recht unterschiedliche Angelegenheiten. Fangen wir mal mit der Butter an, die bekanntlich aus Milch hergestellt wird: Beim »Buttern« reichert man das Milchfett an, bis nur noch ein kleiner Wasserrest aus der Milch übrig bleibt. Butter besteht zu fast 85 Prozent aus Fett und zu rund 15 Prozent aus Wasser. Kühlt man das Ganze nun ab, so bilden sich aus den Fettmolekülen regelrechte Kristalle. Und die sind, wie man das von Kristallen erwartet, recht hart.

Margarine besteht im Unterschied zu Butter nicht aus Milchfett, sondern vorwiegend aus pflanzlichen sowie aus künstlichen Fetten. Und genau darin liegt der Grund für die unterschiedliche Festigkeit im Kühlschrank: Zwar bilden auch die Fette in der Margarine beim Abkühlen Kristalle. Das geschieht aber nicht so leicht und so fest wie bei Butter. Denn die Fettmoleküle in Margarine sind im Durchschnitt kürzer und sperriger (Chemiker nennen das »sperrig« auch »ungesättigt« – was fast jeder von den legendären »ungesättigten Fettsäuren« aus der Werbung kennt). Die sperrigeren, ungesättigten Fettmoleküle halten daher nicht so fest zusammen. Weil die Fettkristalle in der Butter viel stabiler zusammenkleben, benötigt man mehr Energie (also Wärme), um sie wieder aufzuweichen, als bei den

Molekülen in der Margarine. Allerdings muss man dazu sagen, dass die Chemie – insbesondere bei Margarine – mittlerweile fast alles möglich macht. Da werden die Fettmoleküle beliebig verändert, chemisch gehärtet und mit mehr oder weniger Wasser vermischt, um Geschmack und Konsistenz zu variieren. Oder um zum Beispiel Diätmargarine herzustellen. Bei Butter sind die Möglichkeiten da stärker eingeschränkt, jedenfalls dürfen die Hersteller das Zeug dann laut Gesetz nicht mehr »Butter« nennen. Stattdessen gibt es einen natürlichen Einfluss auf die spätere Butterhärte im Kühlschrank: das Futter für die Milchkühe.

**29
Alles in
einen Topf**
Was ist der
Unterschied
zwischen
Obst
und
Gemüse?

Worin sich Obst und Gemüse unterscheiden – das klingt nach einer ganz einfachen Frage, die es dann aber doch in sich hat. Und die Antwort fällt je nach Blickwinkel unterschiedlich aus.

Recht einfach machen es sich noch die Sprachwissenschaftler. Die nämlich werfen Obst und Gemüse quasi in einen Topf, denn in alten Zeiten hieß Obst eigentlich nichts anderes als »Zukost«. Und das war fast alles, was neben den Hauptnahrungsmitteln wie Fleisch und Brot noch so auf den Tisch kam – inklusive Gemüse.

Etwas hilfreicher sind die Antworten aus der Botanik, die sich vom 18. Jahrhundert an durchsetzten. Demnach handelt es sich bei Obst um mehrjährige, bei Gemüse hingegen eher um ein- oder vielleicht zweijährige Gewächse. Im Klartext: Wenn man einen Apfel oder eine Birne erntet, bleibt der Apfel- oder Birnbaum stehen, um über viele Jahre hinweg wieder neues Obst zu liefern. Zieht man dagegen eine Möhre aus der Erde, ist nichts mehr von der Pflanze übrig, und man muss für das nächste Mal ein neues Gemüse-Exemplar aussäen.

Allerdings findet man auch weitere Definitionen, wonach Obst in der Regel aus einer Blüte entsteht, während Gemüse eher aus anderen Pflanzenteilen als der Blütenfrucht stammt (den Wurzeln beispielsweise). Während diese Einteilung nach »Früchten aus Blüten« und »nicht aus Blüten« bei Apfel und Birne noch einleuchtet, stimmt sie bei einer Tomate schon nicht mehr: Tomatenpflanzen bilden ebenfalls erst eine Blüte, bevor die Tomatenfrucht entsteht.

Andere beliebte Unterscheidungen aus Hausgebrauch und heutiger Supermarktdramalurgie wie »Obst = süß« und »Gemüse = nicht süß« treffen oft ebenfalls zu. Hierhin passt auch eine weitere historische Definition, wonach

Obst in einem eigenen Menügang (als Dessert) gegessen, während Gemüse eher als Beilage betrachtet wurde. Die »süß«-versus-»nicht süß«-Definition hat jedoch ihre eigenen Tücken – etwa in der Gestalt von Kürbissen: Die schmecken zwar süßlich, sind aber einjährige Pflanzen und zählen somit nach der (von uns übrigens favorisierten Definition der Botaniker) zum Gemüse.

Rechtlich schließlich können die Definitionen im Einzelfall übrigens wieder etwas anders aussehen – etwa, wenn es um den EU-Agrarmarkt geht. Denn da darf man natürlich nicht alles in einen Topf schmeißen.

30 Von Würsten und Atomkraftwerken

Warum platzt eine Wurst fast immer der Länge nach?

Brat-, Brüh- und ähnliche Würste sind wissenschaftlich erstaunlich gut untersucht – was wohl auch an der überraschenden Ähnlichkeit zwischen Würsten im Topf und Kernbrennstäben im Atomkraftwerk liegt. Denn vor allem bei den länglichen Brennstäben oder bei zylinderförmigen Druckbehältern in der Industrie haben sich Wissenschaftler schon lange dafür interessiert, was damit beim Erhitzen genau passiert.

Aber bleiben wir erst einmal bei der Wurst. Ihr Inhalt ist sehr wasserreich und dehnt sich daher beim Erwärmen gewaltig aus – viel stärker als die Wurstpelle selbst. Dadurch entsteht in der Wurst ein gewaltiger Druck; der heiße Inhalt drückt heftig von innen auf die Haut.

Dieser Druck, also die Kraft auf eine bestimmte Fläche, ist an der Wurstpelle aber nicht überall gleich. Denn nun kommt die Form der Wurst ins Spiel: Für ihre zylinderähnliche Oberfläche kann man berechnen, wie stark die Kräfte sind, die jeweils zur Längs- und zur Querseite wirken. Da eine in Verlags- und Autorenkreisen verbreitete Faustregel besagt, dass jede Formel in einem Buch die Verkaufszahlen des Buches halbiert, ersparen wir uns hier die genaue Berechnung und kommen gleich zum Ergebnis: Demnach sind die Spannungen, die an der Längsrichtung entstehen, etwa doppelt so groß wie die Spannungen entlang der Querseite.

Anschaulich klarmachen kann man sich das, wenn man die Wurst einmal der Länge nach aufschneidet und sich die obere Wursthälfte anschaut: Die Pelle überspannt die Hälfte wie ein Segel. Und diese Segelfläche ist deutlich größer als die Fläche, mit der die Wurst an ihren beiden Enden (also da, wo oft die Zipfel sind) nach rechts und links gezogen wird. Wegen dieses größeren Segels mit seiner größeren Zugkraft nach oben und unten reißt die Wurst meistens der Länge nach auf. Dass einige Würste sich am Schluss doch der Theorie widersetzen, mag daran liegen, dass die Wurstpelle nicht in allen Richtungen immer gleich stabil ist. Immerhin besteht die Pelle aus Naturdarm, der ursprünglich dafür konstruiert war, die Nahrung im Körper in eine bestimmte Richtung zu transportieren.

Die Suche nach der bevorzugten Rissrichtung von Hüllen und Häuten hat für Ingenieure eine große Bedeutung – beim Bau der bereits erwähnten Kernbrennstäbe ebenso wie beim Bau von Pipelines oder bei Druckkesseln in der chemischen Industrie. Die entsprechenden Formeln nennt man daher auch »Kesselformeln«, einige Ingenieure sprechen sogar tatsächlich vom »Bratwursteffekt«.

Der praktische Tipp

Was ist nun zu tun, wenn das eigene ästhetische Empfinden durch längs aufgeplatzte Würste empfindlich gestört ist? Ein weiterer Blick in die »Bratwurst- oder Kesselformeln« hilft hier weiter: Idealerweise müsste man die Brat- oder Bockwurst gleich in einer Kugelform herstellen. Denn bei der Kugel verteilen sich die Kräfte in alle Richtungen gleich, sodass eine Kugelwurst weniger leicht aufplatzen sollte. Die Nachteile: Die Kugelwurst braucht länger, bis sie auch ganz innen gar ist. Und sie rollt leichter vom Brötchen, sodass sie dann vielleicht schon beim Aufprall auf den Fußboden platzt.

31 Nuss-Sicherheitshinweis

Wieso steht auf einigen Erdnussflipspackungen »Kann Spuren von Erdnüssen enthalten«?

Tatsächlich steht der Satz »kann Spuren von Erdnüssen enthalten« geradezu standardmäßig auf Snack-Verpackungen. Womöglich hat ein Hersteller daher schlicht vergessen, ihn bei den Erdnussflipstüten wieder zu entfernen. In der Regel erfährt man auf diesen Flipstüten aber auch, dass der Inhalt nur zu etwa einem Drittel aus Erdnüssen besteht. Hauptsächlich produziert man das Ganze aus Maismehl: »Maisflips mit Erdnussgeschmack« wäre also treffender – mal abgesehen davon, dass eine Erdnuss eigentlich gar keine Nuss ist, sondern eher mit Erbsen und Bohnen verwandt.

Bleibt die Frage, warum der Warnhinweis mittlerweile fast überall auf Verpackungen oder sogar an den Kuchentheken von Cafés zu lesen ist. Die Warnung ist jedenfalls berechtigt. Denn für Erdnussallergiker können schon geringe Mengen von Erdnüssen lebensbedrohlich sein. In weniger schlimmen Fällen kommt es immerhin noch zu Atemnot oder einer geröteten Haut. Sobald ein Hersteller Erdnüsse für sein Produkt verwendet, muss er das daher auf der Verpackung angeben – in der normalen Zutatenliste. Dort findet man Erdnussbestandteile übrigens häufig, denn sie sind recht billig und können verwendet werden, um die Konsistenz, also die Zähigkeit von Lebensmitteln, zu verändern.

Der schöne Satz »kann Spuren von Erdnüssen enthalten« hat aber noch einen anderen Hintergrund: In vielen Nahrungsmittelbetrieben werden verschiedene Lebensmittel nebeneinander bzw. nacheinander hergestellt. Das bedeutet, dass Spuren von Zutaten aus einem Lebensmittel in ein anderes gelangen können – etwa weil in einer Mühle erst Erdnüsse für Produkt A und später dann Haselnüsse für Produkt B gemahlen werden. In diesem Fall ist die Kennzeichnung »kann Spuren von Erdnüssen enthalten« eine reine Vorsichtsmaßnahme. Die Hersteller wollen sich damit auch vor möglichen Schadenersatzansprüchen eines Allergikers schützen. Das heißt aber nicht unbedingt, dass im Endprodukt tatsächlich Spuren von Erdnüssen vorhanden sind. Im Gegenteil: In einer Studie wurden nur in einem von 26 untersuchten Produkten mit dem Warnhinweis auch tatsächlich Erdnuss-Spuren gefunden.

Da es offenbar zunehmend Erdnussallergiker gibt und auch eine falsche Warnung für Allergiker wenig hilfreich ist (weil sie dann viele Sachen unnötig meiden müssen), ist die Wissenschaft der Sache auf der Spur: Forscher wollen Schnelltestmethoden entwickeln, mit denen man sofort von Fall zu Fall prüfen kann, ob ein Lebensmittel nun tatsächlich Erdnuss-Spuren enthält oder nicht. Das ist bisher nämlich recht aufwendig.

32 Funkender Flirt
Wieso kriegt man oft einen kleinen Stromschlag an der Türklinke?

Dass man doch bitte schön »nicht so negativ« sein soll, hat wohl fast jeder schon einmal zu hören bekommen – vorzugsweise von besonders positiv denkenden Menschen. Wenn die Träger dieser unterschiedlichen Lebenseinstellungen in intensiven Kontakt kommen, endet das Ganze bekanntlich schon mal mit einer kleinen Explosion.

Durch die Augen von Physikern betrachtet sieht der Kontakt zwischen zwei Menschen (oder auch von Menschen und Dingen) kaum anders aus. Jedenfalls ist jeder Mensch nicht vor eine Ansammlung von positiven und negativen Eigenschaften und Lebenseinstellungen, sondern auch eine Ansammlung von positiven und negativen Ladungen. Normalerweise sind diese jedoch weitgehend im Gleichgewicht, sodass ein Mensch in der Summe recht neutral daherkommt. Meistens jedenfalls.

Denn die elektrischen Eigenschaften eines Menschen, seiner Kleidung und der Dinge in seiner Umgebung sind – je nach Material – äußerst unterschiedlich: Negative Teilchen wie Elektronen haften an dem einen Material besser als an einem anderen. Wenn nun zwei verschiedene Materialien zum Beispiel durch Reibung in intensiven Kontakt kommen, werden die Ladungen daher ungleichmäßig verteilt. Trennt man beide Dinge wieder voneinander, gleicht sich diese Ladungsverschiebung nicht mehr aus: Das eine Material bleibt negativ geladen, das andere positiv.

Das Phänomen tritt besonders gerne auf, wenn man zum Beispiel ein Katzenfell an so etwas wie einem Gummiknüppel oder seinen Wollpullover an einer Teflonpfanne reibt (was vermutlich nicht so häufig vorkommt). Im normalen Alltag passiert es vor allem, wenn man mit Gummi- oder PVC-Sohlen über Nylonteppiche oder Glasböden läuft. Auch Kunststoff- oder Gummirollen eines Bürostuhls auf dem Teppich können zur Aufladung führen. Wichtig ist nur: Beide Materialien dürfen keinen Strom leiten, damit die Ladung nicht gleich wieder abfließen kann.

Genau das passiert aber, wenn man danach eine Türklinke aus Metall anfasst: Der über die Sohlen aufgeladene Körper wird seine Ladung wie bei einem Kurzschluss schlagartig wieder los – und es funkt manchmal sogar zwischen Menschen und Türklinken. Wer sich mit Türklinken nicht so gerne einlässt, der kann als Gegenmaßnahme Teppiche mit eingewebten Metallfäden verwenden: Darin fließen die Elektronen wieder ab, bevor man sich so richtig aufladen kann.

33 Aufzugaufprall
Wenn ein Aufzug abstürzt, hilft es dann, kurz vor dem Aufprall hochzuspringen?

Leider sähe es ziemlich schlecht für uns aus, falls ein Aufzug aus mehreren Stockwerken Höhe abstürzen würde. Selbst wenn man – wie der Held in einem Videospiel – mehrere Leben hätte, würde man wohl eines nach dem anderen verlieren.

Der erste Haken ist, dass man bei den meisten Aufzügen überhaupt nicht sehen kann, wie weit man noch vom Aufprall entfernt ist. Man weiß also gar nicht, wann man hochspringen müsste. Und sogar bei einem gläsernen Aufzug bliebe im freien Fall nicht viel Zeit zu reagieren. Denn nach einer Sekunde hätte der Aufzug schon fast auf 10 Meter pro Sekunde beschleunigt, das sind 36 Kilometer pro Stunde, nach zwei Sekunden hätte der Aufzug schon rund 70 Sachen drauf.

Doch selbst wenn der Aufzugheld perfekt reagiert und den richtigen Sekundenbruchteil für den Sprung abpasst, hätte er gleich das nächste Problem: Wenn er sich (ebenso wie der Aufzug) im freien Fall befindet, ist er nahezu schwerelos – das fühlt sich ungefähr so an wie der Moment, in dem eine Achterbahn vom höchsten Punkt in die Tiefe startet. Das Problem: Wer schwerelos ist, kann sich nicht abstützen, geschweige denn zu einem Sprung ansetzen.

Nehmen wir an, der Aufzugheld versucht, das Problem dadurch zu lösen, dass er den Körper schon vorher auf den

Sprung vorbereitet – etwa indem er bei jeder Aufzugfahrt immer gleich in die Hocke geht. Das sieht zwar recht blöd aus im Alltag, aber immerhin sind seine Muskeln dann schon gespannt wie eine Feder, die im richtigen Moment losschnellen könnte. Wenn der Held diesen Moment erwischt, dann könnte man – theoretisch – die Wucht des Aufpralls ein klein wenig mindern.

Da Wissenschaftsjournalisten besonders mutig sind, haben sie das in der WDR-Sendung Kopfball sogar schon einmal ausprobiert. In einem stillgelegten Dortmunder Stahlwerk wurde dazu ein Aufzug-Experiment aufgebaut. In dem Experiment haben die Journalisten dann den allermutigsten Mitarbeiter in einer Art Aufzugkorb abstürzen lassen. Das Resultat: Ein Durchschnittsmensch könnte es demnach schaffen, mit einer Geschwindigkeit von gut 10 Kilometer pro Stunde nach oben zu springen. In einem Aufzug, in dem man bereits mit fast 40, 50 oder 70 Sachen nach unten stürzt, lindert das den Aufprall allerdings nur wenig.

Schließlich kommt noch etwas dazu: In dem Moment, in dem der Held abspringt, drückt er den Aufzug zusätzlich mit den Füßen nach unten – und kracht so oder so nach Sekundenbruchteilen mit dem Kopf an die Decke …

Vielleicht doch noch eine gute Nachricht, damit es nun keinen Stau auf der Treppe gibt, weil keiner mehr Aufzug fährt: Das Clevere an der Erfindung des Aufzuges gegenüber alten Förderkörben oder Flaschenzügen war es, dass Aufzüge von einer Fangeinrichtung aufgehalten werden, wenn das Seil reißt. Nicht umsonst soll der erste richtige Aufzug mit den Worten vorgestellt worden sein: »All safe, gentlemen, all safe.« Und heute bezeichnen den Aufzug viele Experten als »sicherstes Verkehrsmittel«.

34 Eiskalte Wärmediebe
Warum fühlt sich Metall meistens kühl an?

Wenn man mit dem Hintern auf einer Metallbank sitzt und auf den Bus wartet oder den Lenker am Fahrrad anfasst, so kann das in Herbst und Winter schnell unangenehm werden. Dabei müssen Bank oder Fahrradlenker selbst erstaunlicherweise gar nicht einmal kälter sein als die Umgebung. Entscheidend ist vielmehr, dass Metalle gute Wärmeleiter sind. Das heißt: Sie transportieren die Wärme vom Körper besonders gut weg, sodass man schneller auskühlt.

Um das zu verstehen, muss man sich zunächst klarmachen, dass Wärme nichts anderes ist als die Bewegung von Teilchen. Außerdem muss man einen kleinen Blick ins Innere der Metalle werfen: Wie alle anderen Stoffe auch bestehen diese aus einzelnen Atomen. Und die setzen sich wiederum aus noch kleineren Teilchen zusammen – den Atomkernen und den Elektronen. Das Besondere aber: Bei Metallen bilden die Atomkerne ein festes Gitter. Hingegen können ihre äußeren Elektronen in diesem Metallgitter recht frei herumschwirren. Daher lassen sie sich auch gut von außen anstoßen. Und sie geben diese Stöße dann leicht untereinander weiter.

Genau das passiert auch, wenn man in kühler Umgebung etwas aus Metall anfasst: Die Teilchen, aus denen unsere Haut besteht, sind warm, bewegen sich also recht heftig. Berührt man dann den Gegenstand, so nehmen die Teilchen im Metall die Wärmebewegung viel leichter auf als andere Materialien. Die Folge: Die Wärme wird schneller abtransportiert und man kühlt schneller aus.

113

Der praktische Tipp

Bänke sollte man draußen lieber aus Holz statt aus Metall bauen, denn Holz leitet die Wärme nicht so schnell ab. Und natürlich hilft es, Kleidung anzuziehen, die viel Luft enthält – am besten Daunenjacken und -handschuhe sowie wattierte (Unter-)Hosen (wer's mag ...). Der Grund: Im Gegensatz zu Metall ist die in solchen Materialien eingeschlossene Luft ein extrem schlechter Wärmeleiter.

35 Duschen I:
Rauchzeichen im Bad
Warum klebt der Duschvorhang?

Manche Leute glauben, es handle sich bei diesem morgendlichen Ärgernis um ein Problem von uns Warmduschern – aber weit gefehlt: Der fliegende Duschvorhang kann jeden treffen, der auch nur den Kaltwasserhahn unter der Dusche aufdreht. »Fliegen« ist dabei ohnehin das richtige Stichwort, denn das Phänomen ist etwa das gleiche, das auch Flugzeuge fliegen lässt.

Aber bleiben wir zunächst beim Vorhang: Sobald das Wasser aus dem Duschkopf strömt, reißt es die Luft darunter mit – schließlich müssen die Luftteilchen ja dem Wasserstrom Platz machen. Und sobald die Luft dann durch das Wasser ebenfalls zum Strömen gebracht wird und herumwirbelt, entsteht in der Duschkabine ein Unterdruck. Dieser Unterdruck saugt den Duschvorhang an und lässt ihn quasi abheben wie ein Flugzeug. Beim Flugzeug sorgt bereits die Form des Flügels dafür, dass die Luft beim Fliegen auf einer Seite schneller strömt. Und immer wenn Luft auf einer Seite schneller strömt als auf der anderen, entsteht der Unterdruck. Durch den Unterdruck am Flügel wird das Flugzeug nach oben gehoben. Physiker nennen das »Bernoulli-Effekt«.

Für die Dusche hat das Ganze einmal sogar ein Forscher der University of Massachusetts genauestens am Computer simuliert – und den Luftraum in der Dusche für seine Berechnungen in 50 000 kleine Rechenkästchen eingeteilt.

Die fallenden Wassertröpfchen erzeugen demnach einen echten Miniwirbelsturm, der dann zu dem erwähnten Unterdruck führt. Wer sich die wirbelnden Luftströme im Badezimmer daheim genauer anschauen möchte, dem empfiehlt der Wissenschaftler, Rauch in die Duschkabine zu blasen, dessen Weg man leicht verfolgen kann.

Beim Rauchen unter Dusche kommt dann womöglich doch noch eine schlechte Nachricht für Warmduscher heraus: Da bei ihnen zusätzlich zum beschriebenen Effekt der Luftströmungen auch warme Luft aus der Duschkabine nach oben steigt, fliegt der Vorhang womöglich noch etwas besser als bei den harten Kaltduschern.

36 Duschen II:
Singin' in the rain
Warum singen so viele Menschen im Bad?

Womöglich lässt sich das Leben unter der Dusche tatsächlich in mindestens zwei große Gruppen einteilen: Jene, die (in schlechten Hotels womöglich unter lauten »iiiiiiih«-Schreien) ständig versuchen, den klebrig-ekligen Duschvorhang von ihren Beinen fernzuhalten (siehe Frage 35). Und natürlich jene, die unter der Dusche so unglaublich entspannt sind, dass sie Lieder singen, von denen sie vor Betreten der Dusche gar nicht wussten, dass sie diese Lieder kennen. Fragt sich also in der Tat: Warum tun die das?

Hierzu ist zunächst festzuhalten, dass Singen nicht nur eine Form von Kunst ist, sondern eine elementare Form der Kommunikation – genauso also wie das Sprechen oder Schreiben. Sprache und Klang sind daher seit jeher eng miteinander verbunden. Schon Steinzeitmenschen haben offenbar auch gesungen, um miteinander zu kommunizieren und zum Beispiel Konflikte zu überwinden.

Jetzt stellt sich natürlich gleich die nächste Frage: Mit wem kommunizieren die Leute unter der Dusche (wenn man mal davon ausgeht, dass im Alltag die meisten Menschen doch eher alleine duschen)? Hier kommt nach Ansicht mancher Musikwissenschaftlern ein anderer Punkt ins Spiel: Das Singen hat für den Einzelnen allein auch den Effekt, »sich in seiner Umgebung zu erfahren«. Immerhin ist man unter der Dusche quasi ganz bei sich und fühlt sich zudem (weitgehend) unbeobachtet. Wer singt, drückt dabei natürlich auch immer bestimmte Gefühle aus. Und so könnte man zu dem Schluss kommen, dass die körperliche Entspannung unter der Dusche dazu führt, diese Gefühle einfach rauszulassen. Umgekehrt hat das Singen selbst direkten Einfluss auf bestimmte Körperfunktionen, was man sogar an verschiedenen Blutwerten messen kann.

Dennoch muss man zugeben, dass das alles reichlich spekulativ ist. Ein Musikwissenschaftler aus Freiburg hat schon vor 15 Jahren darauf hingewiesen, dass das Singen unter der Dusche eigentlich noch völlig unzureichend erforscht ist. Getan hat sich in der Forschung zu dieser konkreten Frage allerdings wenig. Es sei denn, man macht es sich so einfach wie die Physiker: Die nämlich weisen gerne darauf hin, dass die Akustik dank Badezimmerkacheln und trichterförmiger Wannen unter der Dusche besonders gut ist, sodass selbst schlechte Interpreten nirgendwo besser klingen. Und das motiviert sicher manche andernorts verhinderte Sänger, gerade im Bad zu Höchstform aufzulaufen.

37 Geheime Botschaften im Badezimmer

Warum kann man auf beschlagene Spiegel Geschriebenes beim nächsten Beschlagen lesen?

Bevor man sich ans Schreiben macht, macht man sich am besten erst einmal klar, was den Spiegel überhaupt beschlagen lässt: Wasserdampf aus der feuchtwarmen Badezimmerluft schlägt sich in Form kleinster Tröpfchen auf dem – meist kälteren – Badezimmerspiegel nieder. Wie schnell das geht und wie groß die Tröpfchen sind, hängt neben der Temperatur jedoch von vielen Faktoren ab. Eine große Rolle spielt die Art der Oberfläche. So könnten zum Beispiel Staubkörner (von Fachleuten gerne vornehm »Kondensationskeime« genannt) die Tröpfchenbildung beschleunigen. Seife hingegen setzt die Stabilität von Tröpfchen herab, da sie ihre Oberflächenspannung (also ihren Zusammenhalt) zerstört. Und an einer fettigen Fläche haften die Tröpfchen schlechter als an einer sauberen Glasoberfläche.

All das kann man nun beeinflussen, wenn man mit den Fingern auf dem Spiegel oder einer anderen Glasfläche herummalt: Einerseits sind die Stellen, an denen man mit dem Finger entlangstreicht, hinterher womöglich staubfreier (eventuell bereits erkennbar an einer dreckigen Fingerspitze ...). Andererseits sind sie womöglich fettiger, da etwas natürliches Hautfett vom Finger beim Schreiben am

Spiegel zurückgeblieben ist. Auch wenn der dünne Fettfilm nicht sichtbar ist, beeinflusst er die Kondensation des Wasserdampfes auf der Scheibe. Und sofern niemand den Film wegwischt, bleibt er dort kleben.

Da sich die Spiegeloberfläche an den Stellen, wo die Finger entlanggestrichen sind, somit lange Zeit von der übrigen Oberfläche unterscheidet, werden geheime Botschaften beim nächsten Beschlagen wieder lesbar.

Der praktische Tipp

Von Brillenträgern und Tauchern kann man sich folgenden Tipp abgucken: Wenn man den Spiegel ganz dünn mit Seife oder Spülmittel einreibt und danach poliert, sind nicht nur alle verborgenen Botschaften beseitigt. Auch beschlägt der Spiegel praktisch gar nicht mehr. Denn nach dem Polieren bleibt ein dünner, unsichtbarer Spüli- oder Seifen-Film übrig, der die Tröpfchenbildung herabsetzt – und der Spiegel bleibt selbst im größten Dampfbad klarer.

**38
Saubere
Abreibung**

Warum wechselt
man Handtücher,
obwohl man
nach dem
Waschen
eigentlich
sauber ist?

Leider ist niemand nach dem Waschen oder Duschen wirklich so richtig sauber. Immerhin ist die Haut von oben bis unten übersät mit Bakterien. Das klingt schlimmer, als es ist, denn eigentlich sind die meisten dieser Bakterien eher nützlich: Sie besetzen die sonst freien Stellen auf der Haut, sodass beispielsweise Pilze oder andere wirklich fiese Keime es schwer haben, dort einen Platz zu finden. Auf einer gesunden Haut findet man sozusagen ein paradiesisches ökologisches Gleichgewicht.

Beim einfachen Waschen lässt sich dann bestenfalls die Oberfläche des schönen Bakterienrasens abspülen. Denn die lieben Mikroben sitzen nicht nur obendrauf, sondern auch ein Stück weit in der oberen Hautschicht drin, sodass man mit Wasser (jedenfalls ohne Bürste) gar nicht drankommt. Hygiene-Experten witzeln daher: Wer seine Haut wirklich steril haben möchte, der müsste sie besser in eine offene Flamme als unter den Wasserhahn halten.

Wer nicht ganz so weit gehen möchte, greift besser zur mechanischen Methode, auch Handtuch genannt. Denn viele Bakterien gehen von der Haut erst ab, wenn man sich mit dem Handtuch abtrocknet. Ein richtiger Abfrottierer-Typ transportiert dabei aber auch besonders viele Hautschuppen und Bakterien in den Handtuchstoff. Im feuchten Handtuch wachsen manche dieser Bakterien dann wunderbar weiter, es riecht mit der Zeit nicht mehr so gut – und vielleicht sollte man es dann tatsächlich irgendwann waschen. Hin und wieder landen auf der Hand und dann im Handtuch zwischen all den guten Bakterien zudem auch nicht so freundliche Gesellen, die dann noch unangenehmer werden können, als nur zu riechen.

Zweimal pro Woche sollte man daher seine Handtücher daheim wechseln und waschen – sofern man nicht zufällig Chirurg im Krankenhaus ist, wo aus den genannten Gründen ohnehin eher mit Einmal-Handtüchern gearbeitet wird.

39 Gefräßige Waschmaschine
Wo bleibt die zweite Socke beim Waschen?

Das dramatische Sockenproblem ist (wenn überhaupt) nur mit Technik und etwas Mathematik zu lösen. Für die Technik sind in diesem Fall natürlich in erster Linie Waschmaschinenhersteller zuständig. Dass es ein regelrechtes Sockenmonster in der Waschmaschine gibt, bestreitet man in diesen Fachkreisen heftig. Allerdings räumen einige Hersteller ein, dass es zumindest bei älteren Modellen vorkommen könnte, dass beim Schleudern vor dem Bullauge zwischen Trommel und Gehäuse ein kleiner Spalt entsteht. Durch den können dann, insbesondere bei einer voll beladenen Maschine, kleine Wäschestücke wie Socken gedrückt werden. Die landen schließlich unter der Trommel und können durch den Abwasserschlauch aus der Maschine gesaugt werden.

Allerdings beteuern alle befragten Hersteller (und das einigermaßen glaubwürdig), dass das sehr, sehr selten sei. Einen massiven Sockenschwund jedenfalls kann das also eigentlich nicht erklären, schon gar nicht bei moderneren Waschmaschinenmodellen. Wahrscheinlicher ist es daher, dass die meisten Socken doch irgendwie anders verschwinden, etwa in anderen Wäschebergen schon auf dem Weg in die Maschine untergehen oder sich beim Waschen zum Beispiel in Bettbezügen verstecken.

Warum aber verlieren dummerweise immer wieder neue Sockenpaare ihren Partner, während die schon alleinstehenden Socken beharrlich übrig bleiben? Das kann man sich mit ein ganz klein bisschen Mathematik klarmachen, genauer gesagt mit Methoden der sogenannten Kombinatorik.

Gehen wir dazu einmal von einer Durchschnittssockenmenge von 20 Sockenpaaren, also 40 Einzelsocken, im deutschen Durchschnittsschrank aus. Wenn davon die erste Socke verloren gegangen ist, ist es natürlich viel wahrscheinlicher, dass als Nächstes eine Socke aus einem der noch vollständigen Paare verschwindet, denn die sind ja massiv in der Überzahl. Wer es genau ausrechnen möchte, kommt auf eine Wahrscheinlichkeit von 38 zu 1, dass der nächste Verlust ein bis dahin vollständiges Paar (2 mal 19 = 38 Socken) und nicht die bereits vereinsamte einzelne Socke trifft.

Erst mit fortschreitender Sockenvereinsamung steigt die Wahrscheinlichkeit langsam, dass endlich auch mal ein alleinstehender Socken verschwindet. Ein britischer Mathematiker hat das einmal ganz genau ausgerechnet: Wenn schon die Hälfte aller Socken verloren gegangen ist, dann ist in der Regel nur noch ein Viertel der Paare vollständig. Das wiederum klingt dramatisch genug, um doch an ein Sockenmonster zu glauben.

Der praktische Tipp

Wer seiner Waschmaschine nicht traut, sollte Socken und andere Kleinteile nur im Netz oder in einem verschließbaren Kopfkissen waschen. Wer's mag, kann auch die Spießervariante wählen und seine Sockenpaare vor dem Waschen auch mit kleinen käuflichen Klämmerchen aneinanderbinden. Wer indes vor allem seiner Ordnung vor und nach der Waschmaschine nicht traut, sollte sich mindestens einen Zehnerpack identischer Socken kaufen: Dann ist zumindest garantiert, dass nie mehr als eine einzige alleinstehende im Schrank ist. Für völlig Verzweifelte gibt es noch die lonelysocks.org-Internetseite, auf der Steckbriefe einsamer Socken zu finden sind.

40
Dreckiger
Mitbewohner
Warum gibt
es Staub?

Man sollte Staub nicht unterschätzen, immerhin ist er eine hochwissenschaftliche Angelegenheit. Forscher geben sich jedenfalls alle Mühe, Staubteilchen in der Umwelt genau nach verschiedenen Größen und Gefahren zu sortieren – und das nicht erst, seitdem das Thema »Feinstaub« durch alle Medien geht. Denn je kleiner Staubpartikel sind, desto tiefer dringen sie in die Lunge ein und desto gefährlicher sind sie normalerweise.

Aber bleiben wir beim – meistens – eher banalen Hausstaub daheim. Der stammt zwar auch zu etwa zwei Drittel von draußen, ein Drittel aber wird nicht einfach hereingetragen, sondern direkt in der Wohnung produziert: von uns selbst! Glaubt man einer US-Studie zur heimischen Staubproduktion, so verursachen zwei Menschen, die zu Hause herumlaufen und herumsitzen, pro Minute zwei Milligramm Staub. Und jeder Mensch verliert pro Tag allein etwa zehn Gramm Hautschuppen. Hinzu kommen zum Beispiel der Abrieb und die Flusen von Teppichen, Kleidern und Bettdecken oder feiner Staub aus Zigarettenqualm und Laserdruckern.

Bleibt noch die Warum-Frage: Positiv betrachtet könnte man sagen, Staub ist ein wunderbares Transportmittel. Nicht genug damit, dass der Mensch in dieser Form (wie im Falle der Hautschuppen) einen Teil seines körpereigenen Abfalls loswird. In der Natur spielt Staub eine wichtige Rolle bei der Entstehung von Regentropfen; Böden werden wieder fruchtbar, weil Wind und Wetter anderswo den Boden zerkleinern und als Staub heranwehen, zusammen mit kleinem Pflanzensamen und Pollenstaub. Und feine Rußpartikel in der Luft ballen sich zu größeren, weniger gefährlichen, schwereren Staubteilchen zusammen, die dann zu Boden fallen, sodass man sie nicht mehr so leicht einatmen kann.

Doch nicht nur die Natur, auch die Industrie setzt auf den Staub. So ist dort ein Forschungszweig namens »Nanotechnologie« zur Mode geworden, der mit kleinsten Staubteilchen aus verschiedensten Stoffen arbeitet. Man könnte also guten Gewissens auch »Feinstaubtechnologie« dazu sagen (was natürlich nicht so gut klingt).

Zweifellos hat Staub auch viele unangenehme Eigenschaften und kann gesundheitsschädlich sein, wie nicht nur Hausstauballergiker wissen. Aber Staub gehört nun einmal zum Alltag und zum Recyclingkreislauf der Natur. Am Wissenschaftszentrum Umwelt an der Universität Augsburg hat man den Staub daher vor einigen Jahren endlich angemessen gewürdigt – mit einer eigens entwickelten Staubausstellung. Und auch andernorts sollte man vielleicht etwas großzügiger mit ihm sein und nicht immer gleich »Sau« auf jede staubige Fläche schreiben.

41 Klebrige Welten
Wenn Superkleber überall klebt, warum dann nicht in der Tube?

Glas, Keramik, Plastik; Papier und Holz sowieso: Es scheint nichts zu geben, was man nicht kleben kann. Und spätestens wenn das pappige Zeug auch noch Metall festkleben soll, erscheint die Frage berechtigt, warum es nicht gleich am Metall der Tube selbst hängen bleibt. Je nach Klebstoffart ist die Erklärung dafür ein wenig anders; immer hat sie jedoch mit den Unterschieden zwischen der kleinen Welt in der Tube und der großen Welt davor zu tun.

Beginnen wir mit einem typischen Alleskleber und seinen Verwandten wie dem Holzleim. Er besteht zu einem knappen Drittel aus den eigentlichen Klebstoffmolekülen – langen Ketten, denen Chemiker den Namen »Polyvinyl-Acetat« gegeben haben. In der Tube schwimmen diese jedoch noch in einem Lösemittel, das jedes Klebstoffmolekül wie einen Mantel umhüllt. Erst in der Welt draußen vor der Tube (oder wenn man die Tube lange offen lässt) kann das Lösemittel verdampfen. Die Folge: Die vorher getrennt herumschwimmenden Klebstoffmoleküle können sich aneinanderlagern – und verkleben. Bei Holzleim muss das Lösemittel (hier nichts anderes als Wasser) nicht einmal verdampfen, sondern es wird vom Holz förmlich aufgesogen, sodass an der Kontaktstelle die Klebstoffmoleküle zurückbleiben.

Etwas anders sieht die Sache bei jenen Tuben aus, auf denen zum Beispiel »Sekundenkleber« draufsteht. Dabei handelt es sich eigentlich um eine glatte Lüge. Denn genau genommen sind in diesen Tuben noch gar keine Kleber drin, sondern nur ihre Einzelteile. Der Kleber selbst entsteht daraus erst in der Welt draußen vor der Tube. Schon bei geringer Luftfeuchtigkeit setzen Wasser und Luft eine Reaktion in Gang, bei der aus kleinen Molekülbausteinen aus der Tube große Klebstoffmoleküle werden. Auch diese verhärten schließlich und verkleben alles, was man verkleben wollte (und noch einiges mehr).

Da im Falle von Alleskleber die eigentlichen Klebstoffmoleküle (physikalisch) durch Verdunsten der Lösemittelmoleküle zusammenpappen, sprechen Experten hier von »physikalisch abbindenden Klebstoffen«. Sekundenkleber hingegen sind »chemisch reagierende Klebstoffe«, denn bei ihnen entstehen die eigentlichen, langen Klebstoffmoleküle ja erst durch eine echte chemische Reaktion aus kleineren Molekülen.

Wer aber bei Klebstoffen nur an kleine Tuben denkt, irrt: Selbst Flügel großer Düsenjets werden heute nicht mehr mit Unmengen von Nieten und Ähnlichem am Flugzeugrumpf befestigt – sie werden im Wesentlichen angeklebt!

42 Sssssssss krr ssssskrrrr sss…
Warum machen Lautsprecherboxen so komische Geräusche, wenn man ein Handy danebenlegt?

Das Geräusch kennt fast jeder: ein kratzendes Surren, das beim Senden und Empfangen von SMS immer wieder im gleichen Rhythmus unterbrochen wird.

Grob vereinfacht steckt hinter dem störenden Rhythmus Folgendes: Das Handy sendet und empfängt elektromagnetische Wellen von der nächsten Basisstation eines Mobilfunknetzes – um sich dort anzumelden, zu identifizieren und dann die eigentliche Nachricht zu versenden. Auf diese elektromagnetischen Wellen reagieren aber nicht nur Handys und Basisstationen, sondern auch andere elektronische Geräte in der Nähe.

Wenn ein Signal nun in der Nähe von Computerboxen gesendet wird, versucht das Handy sozusagen, die Boxen bzw. die Boxenkabel als Antenne zu nutzen, wobei sich mehrere elektromagnetische Wellen überlagern. Da dann praktischerweise eine Lautsprechermembran in der Nähe ist, werden diese elektromagnetischen Wellen von der Membran in ein Geräusch umgewandelt und somit hörbar.

Zwar sendet das Handy an sich in einem Frequenzbereich, den man nicht hören kann. Da die Inhalte der Handy-Signale (etwa nach dem Muster Senden, Pause, Senden …) aber mit einem bestimmten Zeitabstand aneinandergereiht sind, wie er hörbaren Frequenzen entspricht, lassen diese Signale dann auch schon mal die Lautsprecherboxen mitschwingen. Und weil der Zeitabstand zwischen den einzelnen Signalen immer ähnlich ist, ist der Ton bzw. der Rhythmus der Töne (im Fachjargon auch »Bursts« genannt) so charakteristisch.

Der praktische Tipp

Wer sein Handy nun nicht einfach woanders hinlegen möchte, kann es mit einer Abschirmung für die Lautsprecher bzw. die Lautsprecherkabel versuchen – und muss viel Glück haben, dass die Abschirmung tatsächlich wirkt. Zudem ist es mit den Kabeln alleine nicht getan, denn (wie erwähnt) können auch die Boxen oder sogar der Verstärker als Antenne für die Handy-Signale wirken. Und die sind insbesondere bei billigen oder älteren Geräten aus dem Vor-Handy-Zeitalter eher schlecht abgeschirmt.

Umgekehrt kann man natürlich auch das Handy gegen jeden Empfang abschirmen. Das geht zum Beispiel, indem man es in die (ausgeschaltete!) Mikrowelle legt. Wer umgekehrt wissen möchte, wie gut die Abschirmung seines Mikrowellengeräts funktioniert, kann das Handy dann übrigens einfach mal anrufen. Wenn es klingelt, sollte man über eine neue, besser abgeschirmte Mikrowelle nachdenken.

43 Zahlen googeln

„Warum liefert die Ziffer 1 die meisten Treffer, wenn man sie googelt, und die Ziffer 9 die wenigsten?"

Die spontane Gegenfrage zu dieser Frage lautet natürlich: Wie viel Langeweile muss man haben, um Zahlen zu googeln?! Doch bei genauerem Hinsehen ist die Sache natürlich äußerst spannend.

Zwar ändert sich die genaue Trefferzahl beim Zahlengoogeln ständig – schließlich kommt ja jeden Tag etwas Neues im Netz dazu, und je nachdem, über welche Zentralrechner und Netzwerknoten eine Google-Suche führt, liefert die Suchmaschine immer leicht unterschiedliche Treffer. Die Rangfolge der Top 10 unter den Ziffern bleibt allerdings erstaunlich ähnlich – praktisch immer mit der Ziffer 1 als häufigstem Treffer. Als uns die Frage erstmals gestellt wurde, sah das Resultat ungefähr so aus:

1 = 20.210.000.000 Treffer
2 = 17.320.000.000 Treffer
3 = 16.080.000.000 Treffer
4 = 13.920.000.000 Treffer
5 = 13.690.000.000 Treffer
6 = 11.760.000.000 Treffer
7 = 11.260.000.000 Treffer
8 = 10.460.000.000 Treffer
9 = 9.640.000.000 Treffer
0 = 10.340.000.000 Treffer

Hinter dieser Rangfolge versteckt sich ein mathematisches Gesetz, das in der Natur weitverbreitet ist: Die 1 als Anfangsziffer ist bei allen natürlichen Zahlenverteilungen mit Abstand am häufigsten, gefolgt von den Ziffern 2, 3 und so weiter bis zur 9.

Festgestellt hat das erstmals ein gewisser Herr Newcomb – zu einer Zeit, als es weder Suchmaschinen noch Taschenrechner gab. Was es damals (im 19. Jahrhundert) aber natürlich gab, waren Bücher in der Bibliothek, in denen man für viele Berechnungen nach Hilfe suchen konnte, und zwar in sogenannten Logarithmentafeln. Und an diesen Werken mit Zahlentabellen machte Newcomb eine erstaunliche Entdeckung: Die Buchseiten, die zur Berechnung von Zahlen mit der 1 als Anfangsziffer benötigt wurden, waren viel stärker abgegriffen als die für die Ziffern 8 oder 9. Und die gleiche Reihenfolge erhält man beim Googeln der Ziffern 1 bis 9: Im Internet kommt die 1 ebenfalls am häufigsten vor, dann die 2 und so weiter; am seltensten ist die 9.

Mathematiker haben diesem Phänomen einen eigenen Namen gegeben – Benfords Gesetz, benannt nach einem Nacheiferer des Herrn Newcomb. Er hat die Häufigkeit der Ziffern 1 bis 9 in vielen, vielen Datensätzen (von verschiedenen Einwohnerzahlen bis hin zu Zahlen in Zeitungsartikeln) gezählt.

Die mathematische Herleitung für das Gesetz sparen wir uns an dieser Stelle, denn sonst würde die Zahl der Leser wahrscheinlich ebenfalls auf sehr kleine Zahlen um die 1 herum schrumpfen. Interessant aber ist, dass sich mit Benfords Gesetz in vielen Datensätzen sogar ungefähr vorhersagen lässt, wie häufig jede Ziffer zu erwarten ist: So ist die 1 als Anfangsziffer in natürlichen, also zufälligen Datensätzen theoretisch etwa sieben Mal häufiger als die 9. An den Treffern beim Zahlengoogeln fällt dem Fachmann dann allerdings auf, dass die Abstände zwischen den Ziffern im Internet oft kleiner sind, als es das Gesetz theoretisch erwarten lässt. Hier ist die 1 zwar häufiger als die 9, aber der Abstand ist doch deutlich geringer als nach Benfords Gesetz in Reinform.

Ein Grund dafür: Die sehr unterschiedliche Häufigkeit der einzelnen Ziffern gilt nur für die erste Stelle einer Zahl (also zum Beispiel bei den 1000ern im Vergleich zu 2000ern; auf den folgenden Stellen (also 1001 oder 1002, 10001 oder 10002 usw.) tauchen die einzelnen Ziffern wieder fast gleich häufig auf. Da beim Googeln natürlich alle Ziffern erfasst werden, egal an welcher Stelle einer Zahl sie stehen, verwischen die Unterschiede für die Häufigkeit der einzelnen Ziffern ein wenig.

Viel spannender sind aber noch andere Abweichungen, die durch – mehr oder weniger – denkende Menschen verursacht werden, die in die natürliche Verteilung der Ziffern eingreifen. So haben wir keine Mühen gescheut und für die erste Auflage dieses Buches alle Ziffern von 1 bis 9 nochmals eigenhändig neu gegoogelt. Die 1 ist demnach wieder am häufigsten, die 2 am zweithäufigsten usw. – allerdings bei höheren Ziffern dann mit einigen Ausnahmen: So kam etwa die 9 bei mehreren Versuchen deutlich häufiger vor als erwartet.

Über die Ursachen kann man nur spekulieren. Im Falle der 9 sind unter anderem vielleicht die Preisangaben auf vielen kommerziellen Internetseiten ein Grund: Denn bei denen werden Zahlen mit 9 – wie die 99-Cent- oder 1,99-Preise im Supermarkt – bekanntlich gerne bevorzugt, um einen günstigeren Preis vorzugaukeln. Auch die Ziffer 0 kommt in der Regel häufiger vor als erwartet, da man sich darauf geeinigt hat, Nullen weltweit in unzähligen Telefonvorwahlen zu verwenden.

Solche Eingriffe des Menschen in die natürliche Verteilung der Ziffern können das Ergebnis auch jenseits des Internet verzerren. Das nutzen sogar Steuerfahnder, um gefälschte Steuererklärungen aufzuspüren: Weichen die – eigentlich zufälligen – Zahlenangaben auffällig von dem mathematischen Gesetz des Herrn Benford ab, so hat der Steuerzahler womöglich eine Menge Angaben erfunden.

TIERE

von putzigen Schmusern und fiesen Blutsaugern

Der beste Freund, Schnitzellieferant oder der Feind in unserem Bett. Das liebe Vieh ist allgegenwärtig, und wir sollten Respekt haben vor den originellen Launen und Einfällen der Natur. Es gibt im Tierreich nichts, was es nicht gibt, und immer noch werden jedes Jahr Hunderte neuer Arten entdeckt. Die Bioinventur nimmt also kein Ende. Leider sterben auch jedes Jahr viele Tierarten aus. Der Grund dafür ist meistens der Mensch. Deshalb sagen wir: Wer was übrighat für Tiere, also den einen oder anderen Euro: diesen gerne in den Tierschutz investieren – allerdings bitte nicht für das Taubenfüttern in der Stadt.

44 Bedrohte Arten

Warum heißt es Sparschwein und nicht Sparkuh?

Das Sparschwein ist offenbar vom Aussterben bedroht. Jedenfalls hat sich bereits eine private »Schutzgemeinschaft Deutsches Sparschwein« gegründet. Blickt man hingegen zurück auf die goldenen Zeiten der Sparschweine, so findet man zwei verbreitete Herkunftsgeschichten.

Eine Erklärung führt das Sparschwein vor allem auf die Bedeutung des Schweines generell als Symbol für Glück zurück. Wer als Bauer in alter Zeit ein Schwein besaß, konnte sich schließlich bereits glücklich schätzen. Und bei der Duden-Redaktion vermutet man, dass der Begriff »Schwein haben« auf den alten Schützenbrauch zurückgeht, dem schlechtesten Schützen als Trostpreis eine Sau zu schenken. Was liegt also näher, als die Menschen auch ihr Geld in so ein Glückssymbol stopfen zu lassen? Zumal es einen ähnlichen Lebenszyklus hat wie ein lebendes Schwein: erst vollstopfen, dann schlachten!

Eine andere Erklärung hat mit einem sprachlichen Missverständnis zu tun. In Großbritannien wurden demnach viele Tongefäße aus einer Tonsorte namens »pygg« hergestellt. Auch Münzen wurden üblicherweise in solchen Tongefäßen aufbewahrt. Man vermutet nun, dass womöglich das eine oder andere Mal ein »pygg«-(also »Ton-«)Behälter beim Töpfer bestellt wurde: Der Töpfer aber verstand, er solle Behälter in »pig«-(also Schweine-)Form herstellen. Auf Englisch heißt Sparschwein auch heute noch »piggy bank«.

Allerdings sollte man mit solchen einfachen Herkunfts-
erklärungen (es gibt noch einige andere) immer vorsichtig sein, denn meist sind viele Faktoren notwendig, damit
sich ein Begriff oder ein Phänomen wie das Sparschwein
durchsetzt. Und in Ländern, in denen Schweine als un-
rein gelten, soll es schon seit jeher praktisch keine Sparschweine geben – vielleicht ist dort eine Sparkuh tatsächlich verbreiteter, neben den ganzen anderen Spartieren,
von denen es inzwischen überall nur so wimmelt.

145

45 Stockbesoffene Stechmücke

Wenn man betrunken ist und von einer Mücke gestochen wird, ist die Mücke dann auch betrunken?

146 Was Alkohol angeht, so zeigen Insekten generell recht menschliche Züge: Sie werden genauso betrunken, schwanken, krabbeln in Schlangenlinien und haben hinterher sogar so eine Art Kater. Wissenschaftlerinnen aus Bayreuth haben vor einigen Jahren sogar ein »hangover«-Gen identifiziert, das Insekten dabei hilft, mit der Zeit immer mehr zu vertragen. Offensichtlich ähneln sich die Nervensysteme und der Mechanismus des Alkoholabbaus von Menschen und Insekten so sehr, dass der Alkohol mit beiden fast das Gleiche macht.

Fragt sich im Falle von Stechmücken nur, ob sie bei ihrer Blutmahlzeit auch noch genug abbekommen von den edlen Tropfen, die sich ihr Opfer womöglich einverleibt hat. Immerhin wird der Alkohol aus Bier oder Wein im Blut ja erst einmal verdünnt. Das aber gleichen Moskitos einfach durch die Menge aus, die sie trinken: Unter Umständen saugen sie sich so voll, dass ihr Körpergewicht danach zur Hälfte aus dem erbeuteten Blut besteht. Hatte ihr Opfer beispielsweise 1,6 Promille im Blut, kommt die Stechmücke hinterher immerhin noch auf die Hälfte, also 0,8 Promille.

Und da die Wirkung des Alkohols bei Mensch und Mücke ähnlich ist, verhält sich die Mücke auch nicht besser als ein Mensch mit 0,8 Promille: Dieser sollte nicht mehr Auto fahren – und ein Moskito vielleicht besser nicht mehr fliegen. Da die tödliche Dosis für Mensch und Mücke ebenfalls recht ähnlich bemessen ist, wird die Stechmücke im Suff auch nicht schneller an einer Alkoholvergiftung sterben als ihr Opfer.

Doch nicht nur aus Rücksicht auf die Insekten gibt es für von Stichen geplagte Menschen gute Gründe, weniger zu trinken. Denn offenbar ziehen alkoholische Getränke die Biester manchmal auch noch an: Testpersonen, die Bier konsumiert hatten, wurden in einigen Versuchen jedenfalls häufiger gestochen als Abstinenzler.

46 Leuchtturm für Nachtschwärmer

Warum fliegen Insekten ins Licht und kreisen dann um die Lampe?

Der Grund für die Desorientierung ist aller Wahrscheinlichkeit nach eine fatale Verwechslung: Die Insekten halten die Lampe offenbar für den Mond – was unter Umständen tödlich ausgehen kann. Denn wenn sie erst einmal im Licht der Lampe kreisen, finden sie kaum wieder zurück.

Das Problem betrifft allerdings weniger Stubenfliegen & Co, denn denen wird es irgendwann ohnehin zu dunkel und sie bleiben einfach hocken, wo sie gerade sind. Besonders betroffen sind hingegen dämmerungs- und nachtaktive Insekten wie Stechmücken. Diese sind besonders nach Sonnenuntergang unterwegs auf Partner- oder Futtersuche (also kaum anders, als das bei vielen Menschen nach Sonnenuntergang der Fall ist). Anders als der Mensch benötigen viele Insekten jedoch zur Orientierung den Mond, der ihnen wie ein fernes Leuchtfeuer hilft, geradeaus zu fliegen. Denn da der Mond weit weg ist, ändert sich seine relative Position bezogen auf die Bewegung der Insekten praktisch nicht – auch im Flug bleibt er quasi an der gleichen Stelle, sodass man sich nach ihm richten kann wie nach einem festen Punkt.

Wird der natürliche Leuchtturm am Himmel nun aber von einer Lampe oder einer Straßenlaterne überstrahlt, funktioniert die Orientierung nicht mehr. Die Insekten richten ihren Flug nun an dieser neuen Lichtquelle aus.

Da diese aber viel näher ist als der Mond, ändert sich beim Flug schnell die (relative) Position des Lichts. Die Insekten korrigieren dann irrtümlicherweise ständig ihre Flugrichtung und werden unweigerlich in einer Spirale zur Lichtquelle geleitet.

Dort haben sie dann das Problem, dass sie ihre hochempfindlichen Augen nicht einfach zumachen können und daher vom Licht regelrecht geblendet werden. Und das, was Lampen für Insekten zusätzlich attraktiv macht – die Wärme –, wird ihnen schließlich oft zum Verhängnis: Sie kommen dem Licht zu nahe und verbrennen. So werden Lampen und Straßenlaterne schnell zu einem hell beleuchteten Massengrab.

47 Noble Fliegen

Woher kommen die Fruchtfliegen so schnell, wenn man Obstreste herumliegen lässt?

Man mag es kaum glauben, aber diese kleinen, unscheinbaren Fruchtfliegen (oder genauer: Taufliegen) sind weltberühmt: Viele Tausend Wissenschaftler weltweit haben sich diese Fliegen als Forschungsobjekt ausgesucht; gleich zweimal wurden Wissenschaftler für ihre Fliegenforschung bereits mit einem Nobelpreis ausgezeichnet. Wohl nicht umsonst hören die berühmten Taufliegen auf den wissenschaftlich klangvollen Künstlernamen »Drosophila«.

Leider aber haben all diese Wissenschaftler vor allem Genforschung und Entwicklungsbiologie mit diesen Tierchen betrieben und dabei offenbar vergessen, im Detail zu untersuchen, was diese Fliegen tagsüber in freier Wildbahn so tun – wenn sie gerade mal nicht auf Obst, auf dem Erdboden im Garten oder im Laub herumsitzen. Man weiß jedoch, dass es wahre Kosmopoliten sind, die von Finnland bis Australien vorkommen. Und man weiß auch, dass diese Tierchen einen ganz hervorragenden Geruchssinn haben, mit dessen Hilfe sie dann quasi aus dem Nichts den direkten Weg zu den Melonenschalen, Bananenschalen oder sonstigen Obstresten in der Wohnung finden.

Dazu reichen den Taufliegen schon einige wenige Duftmoleküle aus, die in der Luft herumschwirren. Besonders beliebt sind bei den Tieren Gerüche von schon überreifem, verfaulendem oder gärendem Obst. Wer sie also ganz sicher anlocken will, lässt seine Obstschalen am besten ein paar Tagen herumliegen.

Wenn die Fliegen dann den Weg zu diesem gammeligen Zeug gefunden haben, essen sie es aber keineswegs einfach nur so auf (die erwachsenen Tiere ernähren sich als Alternative offenbar auch gerne von Blütennektar). Das meiste Futter reichen sie vielmehr an ihre Larven weiter. Außerdem dienen Obstschalen vor allem als eine Art sozialer Treffpunkt – nicht zuletzt, um sich zu vermehren.

Was also so harmlos aussieht auf dem Küchentisch, ist in Wahrheit ein Ort, an dem es ganz schön hoch hergehen kann. Und das bleibt nicht ohne Folgen, denn die ersten Fliegenlarven wachsen in kaum mehr als 24 Stunden heran, nach 10 bis 12 Tagen bevölkert schon die nächste Generation erwachsener Fliegen die Küche. Die schnelle Vermehrung ist übrigens einer der Gründe, warum Genforscher die Fliegen so toll finden: Man kann an ihren Genen herumbasteln und dann fast sofort sehen, wie sich das auf die Nachkommen auswirkt.

48 Tiere im Windkanal

Warum fallen Kühe und Vögel beim Schlafen nicht um?

Bei Kühen ist die Frage leicht beantwortet. Denn wenn sie richtig schlafen und nicht nur dösen wollen, gehen Kühe auf Nummer sicher: Sie legen sich – anders als allgemein angenommen wird – einfach hin.

Spannender ist da schon die Schlafhaltung von Vögeln. Einige von ihnen krallen sich beim Schlafen auf einer Stange automatisch fest: Während beim Menschen die Hand im Ruhezustand halb offen und entspannt ist, ist der Körper vieler Vögel so programmiert, dass ihre Krallen im Ruhezustand quasi zuschnappen.

Allerdings können sich manche Vögel (man denke etwa an Enten) mit ihren Watschelfüßen auch nicht so recht festkrallen. Und das Gleichgewichtsproblem beim Schlafen löst auch die beste Kralle nur bedingt. Zum Glück aber hat ein Bochumer Wissenschaftler vor einigen Jahren bei Tauben ein zweites Gleichgewichtsorgan identifiziert: Demnach besitzen diese Vögel außer der Standardausstattung für das Gleichgewicht im Innenohr ein weiteres Gleichgewichtsorgan im Beckenbereich, das für die Beine zuständig ist und ein Umkippen verhindert.

Aber damit nicht genug: Einige Vögel können nämlich im Schlaf nicht nur stehen, sondern sogar fliegen. Offenbar bedeutet »schlafen« bei Vögeln also nicht exakt das Gleiche wie beim Menschen. Vieles darüber ist aber noch nicht genau bekannt. Wissenschaftler versuchen daher, das Flugverhalten von schläfrigen Vögeln im Windkanal zu untersuchen. Besonders erstaunlich ist etwa der sogenannte »Halbseitenschlaf«, den man bei einigen Tieren entdeckt hat: Während eine Gehirnhälfte schläft, ist die andere wach.

153

49 Arme Sau in der Sonne

Können auch Kühe, Pferde und Schweine einen Sonnenbrand bekommen?

In der Sonne geht es insbesondere Schweinen wie hellhäutigen Menschen: einmal eine Überdosis – und schon ist die Haut rot. Auch die übrigen Symptome ähneln einem Sonnenbrand beim Menschen: Entzündungen, Schmerzen und so weiter. Wenn man sich so ein nackiges Hausschwein anschaut und mit der eigenen armselig geschützten Haut vergleicht, ist das eigentlich nicht weiter verwunderlich.

Erstaunlicher ist schon, dass tatsächlich auch Kühe einen Sonnenbrand bekommen können. Je nach Farbe des dünnen (und daher recht strahlungsdurchlässigen) Fells passiert das unterschiedlich schnell: Die Haut einer schwarz-weißen Holsteiner Kuh ist unter den weißen Flecken empfindlicher als unter den schwarzen Flecken – ebenso wie hellhäutige Menschen empfindlicher auf Sonne reagieren als dunkelhäutige. Denn auch bei der Kuh schützen dunkle Farbpigmente wie ein natürlicher Schutzmantel vor jenen UV-Strahlen, die den Sonnenbrand auslösen.

Normalerweise gewöhnt sich jedoch sogar die helle Haut unter dem dünnen Fell nach einem Winter im dunklen Stall wieder besser an die Sonne. Das aber braucht seine Zeit. Wer als Bauer seine Kühe bis weit ins Frühjahr hinein im Stall einsperrt und sie dann von einem Tag auf den anderen den ganzen Tag lang der intensiven Juni-Sonne aussetzt, der muss mit einem Kuhsonnenbrand rechnen.

Bei Pferden hingegen kommt ein Sonnenbrand noch seltener vor. Denn selbst Schimmel haben – anders als Kühe – unter dem weißen Fell eine dunkle Haut, die nicht so empfindlich auf Sonne reagiert. Gefährdeter sind dagegen jene Stellen im Fell von gescheckten Pferden, an denen nur weiße Haare wachsen – beispielsweise der markante weiße Streifen auf der Stirn. Begünstigt wird ein Sonnenbrand auch durch Medikamente wie Antibiotika oder durch bestimmte Pflanzen im Futter, etwa Johanniskraut, welche die Haut für Sonne sensibilisieren.

Der praktische Tipp

Was tue ich, wenn meine Kuh oder mein Pferd bereits einen Sonnenbrand hat? Auch da ist es wie beim Menschen: Schatten hilft am besten! Und im Extremfall legt man Pferden auch schon einmal eine Ganzkörper-Decke über, die UV-Strahlen absorbiert. Im Einzelfall verwenden Tierärzte für besonders empfindliche Pferdegesichter sogar ganz normale Sonnenmilch aus der Drogerie.

50 Chemie in Schwarz-Weiß

Ist ein Zebra schwarz mit weißen Streifen oder weiß mit schwarzen Streifen?

Zunächst einmal ist ein Zebra vor allem eines: ein Pferd! Und Pferde können bekanntlich viele Farben haben, vom Schimmel in Weiß bis zum Rappen in Schwarz. Offenbar war das schwarz-weiße Streifenmuster aber in der afrikanischen Heimat des Zebras von Vorteil, sodass sich die Streifenvariante dort gegenüber anderen Farben durchgesetzt hat.

Theorien, was für einen Vorteil genau die Streifen im heißen Süden haben könnten, gibt es reichlich. Das geht von (eher unwahrscheinlichen) Kühlungseffekten durch das Muster bis hin zu der Vermutung, dass Zebras dank der Streifen eine optische Täuschung hervorrufen: Auf diese Weise, so die Idee, könnten sie für Feinde schlechter sichtbar werden oder größer erscheinen, als sie es tatsächlich sind.

Am wahrscheinlichsten ist es jedoch, dass die Streifen weniger Schutz vor so eindrucksvollen und erhabenen Feinden wie Löwen oder sonstigen Raubtieren bieten als vielmehr vor einem viel kleineren, fast unsichtbaren Feind: der Tse-Tse-Fliege. Diese scheint mit ihren Facettenaugen tatsächlich Schwierigkeiten zu haben, solche Streifenmuster zu erkennen. Dadurch wären Zebras besser vor Stichen geschützt und somit auch besser vor gefährlichen Krankheiten, die die Mücken übertragen. Das gestreifte Pferd hat sich in Gegenden, wo Mücken diese Krankheiten übertragen, demnach besser verbreiten können.

Fragt sich natürlich noch, wie das Streifenmuster genau entsteht. Die Basis dafür ist weder ein einzufärbendes schwarzes noch ein einzufärbendes weißes Pferd, sondern pure Chemie: Bestimmte chemische oder biochemische Reaktionen kann man sich so vorstellen, dass sie wie ein Pendel ständig zwischen verschiedenen Stoffen hin- und herpendeln: Im Falle der Zebrastreifen sozusagen zwischen farblosen (weißen) Stoffen und dunklen Farbstoffen. Gleichzeitig sind diese Farbstoffe unterschiedlich beweglich und verteilen sich unterschiedlich schnell. Dadurch gibt es am Schluss wechselweise Stellen, bei denen einmal die hellen Stoffe überwiegen und einmal die dunklen – und fertig ist das Zebra. Die gestreiften Pferde sind daher für Chemiefreunde mindestens so interessant wie für Biologen und Pferdeliebhaber.

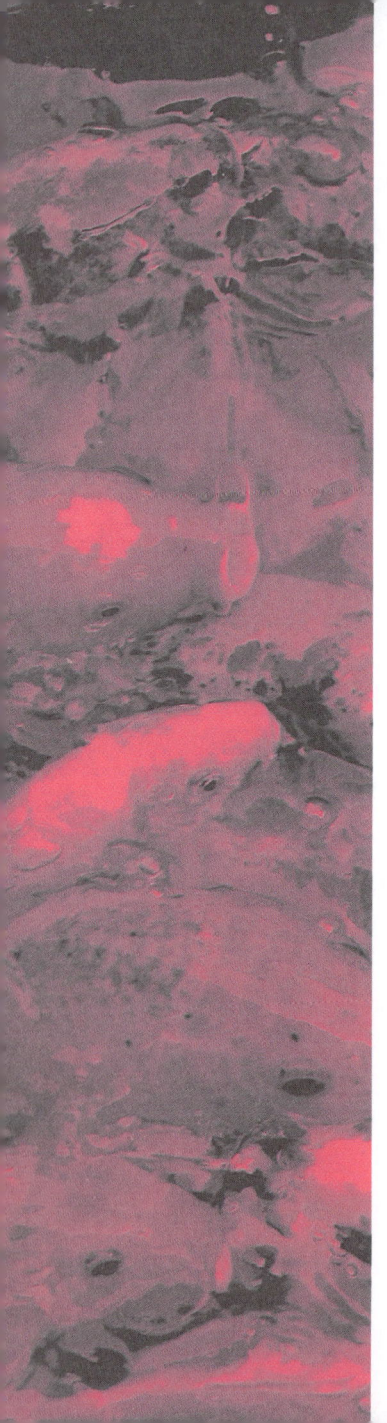

51
Süßes oder
Salziges
Trinken Fische?

Für die Frage nach dem Durst der Fische hilft schon ein Blick auf das eigene Durstempfinden weiter. Denn so ähnlich wie auch Menschen bei besonders Salzigem ohne Ende trinken könnten, geht es Fischen im Meer: Auch sie müssen trinken! Würden die Fische das nicht tun, würden sie von dem Salzwasser um sie herum ausgetrocknet werden wie ein Dörrfisch auf dem Trockenen.

Der Grund dafür hat etwas mit Physik und dem sogenannten osmotischen Druck zu tun: Salz*ärmeres* Wasser verspürt generell einen enormen Druck, in Richtung salz*reicheres* Wasser zu wandern. (Das kann man sich leicht merken, wenn man ans wahre Leben denkt, in dem bekanntlich auch fast alles von den Armen zu den Reichen fließt.) In den Zellen der Fische befindet sich nun, eingeschlossen von den Zellwänden, vergleichsweise salzarmes Wasser. Die Zellwände lassen aber auch ganz ordentlich Wasser hindurch – wenn das Wasser nur unter entsprechendem Wanderungsdruck steht. Und das ist durch das salzige Meer um die Zellen herum ja tatsächlich der Fall. Auf Dauer würde der Salzwasserfisch daher quasi über die Haut austrocknen. Er muss daher ständig trinken.

Der Haken dabei: Das Meerwasser, das der Fisch trinkt, ist natürlich nicht weniger salzig als das Wasser, in dem er schwimmt. In seinem Körper aber kann der Fisch das Salz dann besser in den Griff kriegen: Körpereigene Entsalzungsanlagen trennen die Salze über den Blutkreislauf vom Wasser und scheiden es dann über die Kiemen aus.

Andersherum ist es bei den Süßwasserfischen: Die trinken nämlich nix – im Gegenteil! Bei ihnen ist das Körperwasser in den Zellen sogar salziger als das Süßwasser im Teich oder im Fluss um sie herum, sodass ihr Körper sozusagen ständig mit Wassereinbrüchen über die Haut zu kämpfen hat. Denn auch hier bewegt sich das Wasser immer von salzarm (Teich) in Richtung salzreich (Körper). Würden die Süßwasserfische nichts dagegen unternehmen, würden sie nicht austrocknen wie ihre Meerwasserkollegen, sondern früher oder später platzen wie ein Wasserballon. Das Ganze ist so dramatisch, dass Süßwasserfische nicht nur *nicht* trinken, sondern – wie gesagt – im Gegenteil: Sie spülen das Süßwasser in Form einer Unmenge von Pipi wieder aus.

162

52 Tiermörder

Sterben Spinnen im Staubsauger? Und wie vertreibt man sie ökologisch korrekt?

Spinnen kommen fast überall rein – aber aus dem Staubsauger kommen sie meist nicht mehr lebend raus. Ökologisch besonders korrekt ist es daher, die – in unseren Breiten harmlosen – Tierchen auch mal in den eigenen vier Wänden zu dulden. Denn wer sein Haus samt Tür- und Fensterritzen nicht gleich komplett mit Dichtungsmasse versiegeln möchte, hat kaum eine Chance, einer Spinne den Zutritt zu verwehren: Eine häufige Spinnenart wie beispielsweise die Hauswinkelspinne kann sich im wahrsten Sinne des Wortes selbst noch durch den letzten Winkel quetschen. Auch durch Duftstoffe oder Ähnliches ist sie kaum abzuschrecken.

Die gute Nachricht: Viele Spinnen mögen es einigermaßen trocken – wer sie in der Wohnung hat, kann also zumindest hoffen, dass er oder sie keine feuchten Wände voller Schimmelpilze hat. Und drinnen machen Spinnen in unseren Breiten dann wirklich nur Jagd auf Motten oder ähnliche unliebsame Mitbewohner. Denn anders als Insekten interessieren sich Spinnen nicht sonderlich für Menschen und auch nicht für deren Nahrungsvorräte.

Wer aber doch lieber keine Spinnen-WG möchte, kann die Eindringlinge im Herbst noch mit guten Gewissen einfangen und nach draußen befördern. Wir empfehlen dazu die Glas-Papier-Methode (siehe »Der praktische Tipp«). Im

Winter verkraften dagegen nicht alle der mehr als 1000 Spinnenarten in Deutschland den Rauswurf in die Kälte; der ist also nur bedingt ökologisch korrekt.

Gänzlich unkorrekt ist dagegen die Staubsaugermethode, jedenfalls bei unseren harmlosen Spinnenarten. Denn der Sauger schüttelt eine Spinne in der Regel so brutal durch, dass sie kaum wieder rauskrabbeln kann, schon gar nicht mehr unversehrt mit allen acht Beinen. Forscher aus Brasilien haben das sogar eigens mit einer (giftigen) Spinnenart ausprobiert – und saugten 120 dieser Tierchen weg. Das Ergebnis: Bei voller Saugleistung und nicht zu vollem Staubsaugerbeutel überlebte keine einzige.

Der praktische Tipp

Sobald eine Spinne in der Wohnung gesichtet wurde, ggf. laut schreien und Hilfe holen. Dann sich selbst (oder die Hilfe) mit einem ausreichend großen Glas ausstatten und dieses vorsichtig, aber kompromisslos über die Spinne stülpen. Spinne in Ruhe durch das Glas anschauen (nur wer's mag) und beruhigen. Dann einen dünnen Karton unter das Glas schieben. Glas samt Karton anheben und dabei Karton weiter auf den Glasrand drücken. Fenster öffnen und prüfen, ob Winter ist. Falls kein Winter ist, Spinne mit Schwung und gutem ökologischen Gewissen aus dem Glas nach draußen befördern. Falls doch Winter ist, das ökologische Wissen nochmals befragen und eventuell einen kühlen (aber nicht eiskalten) Keller oder Speicher für die Freilassung aufsuchen. Im letzten Fall ggf. sich mental auf ein Wiedersehen mit der Spinne am nächsten Tag vorbereiten.

53 Grauhaardackel

Bekommen Tiere – anders als Menschen – wirklich keine grauen Haare?

Die Haare des Menschen bekommen ihre Farbe entweder beim Friseur – oder auf natürlichem Wege direkt in den Haarwurzeln in der Kopfhaut. Der Körper lagert dazu mithilfe spezieller Zellen (für Angeber: »Melanozyten«) verschiedene Farbkörnchen in die Haare ein.

Irgendwann aber versiegt diese Quelle natürlicher Haarfärbemittel; die färbenden Zellen stellen mit dem Alter ihren Dienst ein, während das Haar normal weiterwächst. Wo vorher die Farbkörnchen eingelagert wurden, bleiben dann kleine, farblose Luftbläschen übrig. Daher sollte das Haar eigentlich ebenfalls farblos (»weiß«) erscheinen. Solange aber rund um ein einzelnes weißes Haar noch farbige Haare übrig sind, schimmert es im Endeffekt eher grau als weiß.

Grundsätzlich kann das alles genauso bei Tieren passieren. Wer sich traut und älteren Hunden ganz nahe ins Gesicht schaut, wird auch bei ihnen oft graue Gesichtshaare finden. Dass sich ein Hundefell aber komplett von braun oder schwarz nach grau verfärbt, ist eher die Ausnahme.

Eine mögliche Erklärung für diesen Unterschied zwischen vielen Tieren und dem Menschen haben Physiologen und Tierphysiologen parat: Diese haben nämlich ausgerechnet, dass der Mensch für seine Verhältnisse (also gemessen an seiner Größe und seinem Stoffwechsel) eigentlich nur um die 25 Jahre alt werden sollte. Tatsächlich aber wird er in unserer modernen Zivilisation im Durchschnitt dreimal so alt.

Für dieses hohe Alter sind die Färbezellen in den Haarwurzeln aber nicht ausgelegt; sie gehen meist vorher kaputt. Etwas flapsig könnte man hier vermuten, die Natur sieht auch keinen Grund mehr, warum sie den Mensch im hohen Alter noch mühevoll farblich schön und attraktiv für potenzielle Partner machen sollte – wenn er mit seinen Altersgenossen ohnehin keine Nachkommen mehr zeugen kann.

Hunde und andere Tiere werden hingegen oft nicht viel älter, als es ihrer biologischen Lebenserwartung entspricht. Sie werden also nicht alt genug, um das Farbdefizit in den Haaren auffällig werden zu lassen. Allerdings gibt es zumindest einige Tiere, die so alt werden, dass bei ihnen große Fellpartien ergrauen: Das berühmteste Beispiel sind die berüchtigten Silberrücken bei Gorillas – was ihnen bei ihren Artgenossen womöglich jenen Respekt einbringt, den auch ergraute Menschen gelegentlich zu Recht erwarten.

54 Haustierrennen

Wieso können Hunde apportieren und Katzen meistens nicht?

Die Frage, ob man sein Tier erfolgreich hinter Bällen oder Stöckchen herjagen kann, zeigt ganz gut einige Unterschiede zwischen Hunden und Katzen. Fangen wir mit den Hauskatzen an: Die sind von Natur aus eher Einzelgänger, sie jagen alleine und Menschen sind ihnen – jedenfalls im Vergleich zum Verhalten von Hunden – tendenziell ziemlich egal. Das heißt natürlich nicht, dass sie sich nicht gerne streicheln lassen und eine emotionale Bindung zu Herrchen oder Frauchen entwickeln können (ja, liebe Katzenfreunde, und es mag sogar besonders emotionale unter den Katzen geben). Aber die Idee, mit Menschen quasi ein Team zu bilden, ist ihnen meist fremd, da sie eben auch untereinander kein Jagen im Team oder Ähnliches kennen.

Ganz anders ist das bei Hunden, die ursprünglich vom Wolf abstammen. Und Wölfe sind extreme Rudeltiere, auch bei der Jagd arbeiten sie zusammen. Für sie ist es normal, sich Anführern unterzuordnen. Und verspielt sind sie ebenfalls, denn dadurch lernen sie ihr Sozialverhalten im Rudel. Diese Eigenschaften sind auch noch bei Hunden zu finden: Viele Hunde tun fast alles, um zu einer Gruppe zu gehören – selbst wenn der Rest des »Rudels« aus Menschen besteht. Eigentlich beste Voraussetzungen fürs Stöckchenwerfen!

Hinzu kommt auch, dass Hunde und Katzen anders domestiziert, also zum Haustier gemacht wurden. Hunde werden seit weit mehr als 10 000 Jahren gezielt danach ausgewählt und weitergezüchtet, dass sie bestimmte Aufgaben (beispielsweise bei der Jagd) übernehmen können. Und Apportieren ist nichts anderes als ein Jagdspiel. Bei den Katzen war die Auswahl dagegen eher zufällig – beziehungsweise nicht so stark vom Menschen gesteuert.

Manchmal kann das lustige Apportieren aber auch gefährlich werden, wie ein ungewöhnlicher Polizeibericht vom Juni 2009 zeigt. Demnach hat der Hund einer Frau aus Erkrath bei Düsseldorf beim Gassigehen im Bachbett eine Handgranate aus dem Zweiten Weltkrieg gefunden – und brav apportiert …

55 Herrchenallergie
Können Tiere allergisch auf Menschen reagieren?

Dass Katzen Asthma bekommen können, weiß man bereits seit rund 100 Jahren. Und im Prinzip kann fast jede Substanz eine Allergie auslösen. Besonders gut geht das meist mit Eiweißsubstanzen. Und die kommen auch in menschlichen Hautschuppen vor. Das Immunsystem erkennt die Eiweißstoffe als fremd, stuft sie irrtümlich als gefährlich ein und verteidigt sich dann gegen die vermeintliche Gefahr. So eine allergische Reaktion ist bei Tieren ebenso wie bei Menschen möglich.

Wie häufig Tiere allerdings speziell auf Substanzen allergisch reagieren, die der Mensch hinterlässt, weiß niemand genau. Nach Schätzungen von Wissenschaftlern an der Universität Edinburgh soll zumindest jede 200. Katze an Asthma leiden (während die Krankheit bei Hunden fast unbekannt ist). Demnach kommen unter anderem Zigarettenrauch, eine besonders staubige Wohnung und tatsächlich auch menschliche Hautschuppen als Auslöser infrage – oder sie könnten das Leiden zumindest verschlimmern. Offen ist allerdings, bei welchen Exemplaren es mehr der menschliche Lebensstil und bei welchen es der Mensch selbst ist, der den Katzen zu schaffen macht.

Das genau herauszubekommen ist gar nicht so einfach. Denn Allergietests, mit denen man allergische Reaktionen beim Menschen untersucht, funktionieren bei Tieren nicht immer. Bei einer Katze beispielsweise wäre ein Hauttest, bei dem sich mithilfe spezieller Nadeln viele allergene

Substanzen gleichzeitig überprüfen lassen, kaum möglich. Denn zum einen produzieren Katzen viel natürliche Kortisone in ihrem Körper, die eine Hautreaktion auf Allergene verhindern. Zum anderen unterscheidet sich Katzenhaut von Menschenhaut; nicht zuletzt ist sie viel dünner. Die typischen Quaddeln, die beim Menschen im Allergietest eine Allergie auf eine Testsubstanz anzeigen, sind bei Katzen daher oft kaum zu erkennen.

Wer aber den Verdacht hat, dass sein Haustier – sei es auf ihn selbst oder auf seinen Lebensstil – allergisch reagiert, sollte vor allem eines tun: nass wischen, viel lüften und (je nach Tier natürlich) für Auslauf sorgen. So lassen sich Reste von Zigarettenrauch oder Staubpartikel in der Wohnung ebenso mindern wie Ausdünstungen von frischer Farbe, Schimmelpilze und Milben, die den Tieren ebenfalls zu schaffen machen können.

4

LIEBE & SEX:

was Gefühle so alles mit Herz, Bauch und Kopf anstellen!

Exfreund? Wer war noch mal mein Exfreund?

Das Tolle an der menschlichen Psyche ist ja: Wenn es zu hart wird im Leben, werden meist irgendwann die Schutzschilde und Verdrängungsmechanismen hochgefahren. Und außerdem sind da noch die glücklichen Freunde, die – während sie ihren Partner abschlecken – noch Sätze sagen wie: Hey, nach Regen kommt immer Sonnenschein und alles hat seinen Sinn, die Zeit wird heilen, andere Mütter haben auch schöne Söhne (oder waren es Töchter?), bla bla bla …

Die Liebe (und alles, was damit zu tun hat) ist ein seltsames Spiel und oft wenig wissenschaftlich. Aber es gibt Fragen zum Thema, auf die man ohne Umschweife antworten kann. Und Professor Holger tut es auch. Weniger ratgeberisch als Dr. Sommer natürlich, aber dafür kennt er knallharte Wahrheiten, die nicht immer schön, aber spannend sind.

56 Essen oder Liebe
Warum küssen wir uns?

Wer sich küsst, denkt an Liebe und Sex. Oder ans Essen. Jedenfalls sind das die beiden grundsätzlichen Theorien, mit denen die Wissenschaft versucht, die Herkunft des Küssens zu erklären.

Die einen vermuten, dass der Vorläufer des Kusses eher eine Fütterungsmethode war: Die Mutter fütterte ihr Kind – in Zeiten vor Erfindung des Pürierstabs – mit vorgekauter Nahrung. Eine ähnliche Theorie vertrat der Psychotherapeut Sigmund Freud, der Parallelen zwischen dem Saugen an der Mutterbrust und dem Kuss erkannt haben wollte.

Andere Wissenschaftler denken beim Küssen hingegen weniger ans Essen als an Sex: Für sie hat der Kuss einen eindeutig erotischen Ursprung. Und ein Zungenkuss ist demnach nichts anderes als symbolischer Geschlechtsverkehr (was zugegebenermaßen nicht unplausibel klingt).

Für die zweite Theorie spricht auch, dass Küsse in der Öffentlichkeit im Laufe der Geschichte der Menschheit keineswegs als so harmlos galten wie eine Mahlzeit – im Gegenteil: Küssen am falschen Ort und zur falschen Zeit wurde mit Peitschenhieben und Schlimmerem geahndet. Für die Theorie des Kusses als sexuelle Kontaktaufnahme spricht außerdem, dass auch in der biochemischen Welt im Inneren des Körpers eine ganze Menge passiert bei einem innigen Kuss: Man produziert ein Feuerwerk von Glückshormonen, der Puls steigt – na ja, und meistens denken Menschen dabei weniger ans Essen. (Und wenn, dann könnte es schnell der letzte Kuss gewesen sein.)

Wie fast immer, wenn Wissenschaftler beim Menschen nicht ganz sicher sind und nicht mehr weiterwissen, schauen sie dann sicherheitshalber im Tierreich nach. Das allerdings liefert in diesem Fall keine klare Antwort: Das Küssen ist unter Tieren längst nicht so weit verbreitet wie das Füttern von Mund zu Mund – aber es kommt gelegentlich vor: Eine südostasiatische Fischart tut es angeblich mit eindeutigen Absichten, ebenso einige Mäuse und vor allem einige Affenarten als unsere nächsten Verwandten (dort gibt es sogar den Zungenkuss als sexuelles Vorspiel). Affen kennen aber auch den harmlosen Begrüßungs- oder Versöhnungskuss. Spätestens bei Vögeln wird das ganze Dilemma offensichtlich: Da kann man das zärtliche Schnäbeln als Kuss interpretieren – und andererseits ist gerade bei Vögeln das Füttern vorgekauter Nahrung extrem weit verbreitet.

Wenn sich die Sache mit dem »Warum?« schon nicht eindeutig beantworten lässt, ziehen es manche Wissenschaftler vor, lieber nach dem »Wie?« zu forschen. So hat ein Bochumer Forscher vor einigen Jahren seine Wartezeit an Flughäfen und Bahnhöfen damit verkürzt, Paare beim Küssen zu beobachten. Ergebnis des wissenschaftlich fundierten Spannens: Zwei Drittel der Menschen drehen den Kopf demnach zum Küssen nach rechts. Allerdings kamen durch die strenge Auswahl des Forschers nur ganze 124 Küsse in die Auswertung. Um also ganz sicherzugehen: Wir plädieren für mehr Experimente – gerade in diesem Fall!

57 Zoo im Mund

Ist Karies
wirklich ansteckend?

Ohne dass wir es merken, hat jeder Mensch einen wahren Zoo im Mund: Etwa 30 bis 50 verschiedene Bakterienarten trägt ein gesunder Mensch darin ständig mit sich herum. Bekannt sind sogar mehrere Hundert verschiedene Stämme, die sich im Lebensraum Mund wohlfühlen können.

Die gute Nachricht: Die tun nix – meistens jedenfalls nicht. Im Gegenteil: Die meisten Bakterien im Mund sind sehr hilfreich. Sie bilden ein natürliches Ökosystem, das Eindringlinge abwehrt. Wirklich gefährliche Bakterien von außen haben es schwer, sich anzusiedeln. Denn dazu müssen sie die natürliche Mundflora erst einmal verdrängen. Nur dank dieses ökologischen Abwehrsystems kann man beispielsweise recht unbeschwert herumknutschen.

Allerdings gibt es unter den natürlichen Mundbewohnern auch einige Arten, die den Zähnen besonders zu schaffen machen. Eine davon heißt »Streptococcus mutans«, auch Kariesbakterium genannt. Es ernährt sich von Zucker und macht dabei aus Süßem Säure, die dann die Zähne angreift.

Offensichtlich sind die Stämme dieser Kariesbakterienart aber unterschiedlich aggressiv. Und das ist der Grund, warum Karies tatsächlich in gewisser Weise ansteckend ist, insbesondere in früher Kindheit.

Anders als Erwachsene haben Babys nämlich noch keinen Zoo im Mund, in dem schon alle Plätze besetzt sind.

Wenn nun besonders kariesgeplagte Mütter (oder Väter) heruntergefallene Schnuller oder Löffel sauber schlecken, bevor sie diese dem Kind wieder in den Mund stopfen, können sie daher ihre eigenen Mundbakterien übertragen. Wenn diese Bakterienstämme tatsächlich besonders aggressiv sind, stecken die Eltern das Kind also regelrecht mit Karies an.

Trotzdem sind später nicht allein die Schnuller- und Löffel-Abschlecker unter den Eltern schuld an schlechten Zähnen. Auch die Nahrung sowie genetische Faktoren spielen eine Rolle. Und natürlich gilt: Zähneputzen hilft – und macht auch das Küssen angenehmer.

58 Frühe Vorlieben

Wie kommt es, dass jeder Mensch – vom Essen bis zum Partner – einen anderen Geschmack hat?

Ein Grund für die vielen unterschiedlichen Vorlieben liegt wohl darin, dass Menschen schon früh damit anfangen, verschiedene Geschmäcker zu entwickeln. Beim Essen beginnt das zum Teil schon im Mutterleib. So haben Wissenschaftler einmal werdenden Müttern testweise intensiv schmeckende Dinge zu essen gegeben: der einen Gruppe etwa Anisplätzchen und der anderen nicht. Die eine Gruppe der Kinder interessierte sich nach der Geburt später sehr deutlich für diese Gerüche, die anderen Babys reagierten gar nicht darauf.

Wenngleich auch die Gene für viele Vorlieben eine Rolle spielen dürften, wird Geschmack zu großen Teilen »erlernt« – die Erfahrungen im Mutterleib sind hierfür erst der Anfang. Später im Leben beruht der Geschmack außerdem stark auf schlichter Nachahmung. Dabei spielt natürlich die Kultur und Umgebung eine große Rolle, in der man aufwächst. So gelten etwa faule Eier in manchen Ländern als Delikatesse, in Deutschland lernt man als Kind in der Regel schon durch die heftige Ablehnung solcher »stinkenden« Eier durch die Eltern, dass man das ziemlich eklig finden sollte.

Was man bei einer ersten Begegnung hingegen mit einem positiven Erlebnis verbindet, hat gute Chancen, als schön und angenehm abgespeichert zu werden. Ein anderer Mensch verbindet die gleiche Angelegenheit von Anfang an mit einem negativen Erlebnis – und entwickelt entsprechend einen anderen Geschmack. Und natürlich kann sich der Geschmack im Laufe des Lebens immer wieder ändern und weiterentwickeln. Auch Medien und Moden prägen Geschmack und Schönheitsideale.

Das alles führt allerdings dazu, dass sich die Geschmäcker in vielen Fällen dann doch wieder sehr ähneln – jedenfalls innerhalb einer Kultur, in der alle zumindest viele ähnliche Erfahrungen machen. In manchen Fällen, von einfachen symmetrischen Formen bis hin zu Gesichtern und zum Körperbau, scheint es sogar bestimmte Proportionen (wie den »goldenen Schnitt«) zu geben, die zu allen Zeiten überdurchschnittlich oft als schön empfunden werden.

Bei Gesichtern sprechen Wissenschaftler auch vom »Halo-Effekt«: Wer dem gängigen Geschmack am besten entspricht, also von den meisten als besonders schön empfunden wird, hat es auch bei vielen anderen Dingen oft leichter. Die Schönheit überstrahlt sozusagen andere Eigenschaften. Als schön empfundene Menschen genießen daher im Durchschnitt mehr Vertrauen und werden als erfolgreicher eingeschätzt – unabhängig von ihren tatsächlichen Fähigkeiten.

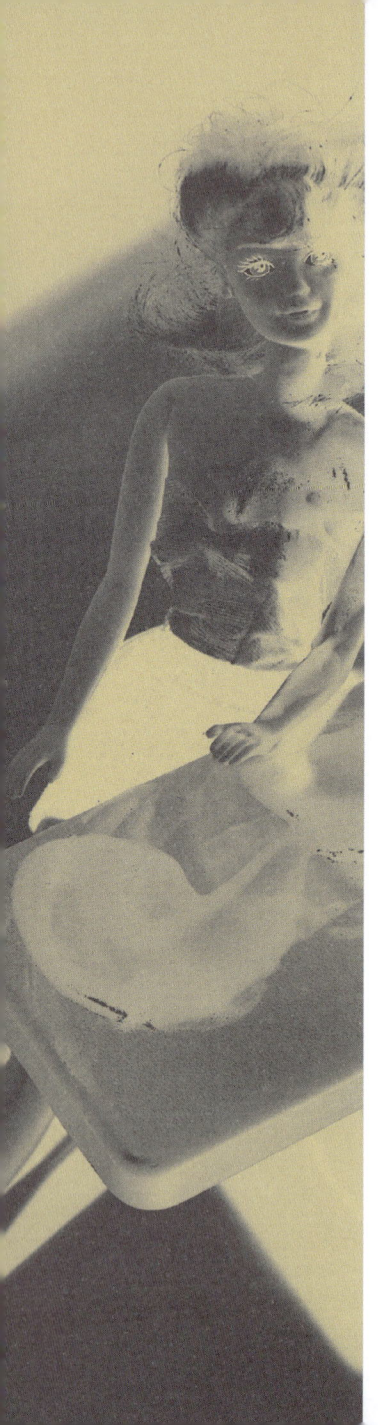

59
Treu
(ausnahmsweise)
Warum sind Frau
und Mann
dazu veranlagt
fremdzugehen?

So traurig es klingt: Untreue ist eher die Regel als die Ausnahme. »Monogamie ist unnatürlich«, bringt es ein amerikanischer Wissenschaftler auf den Punkt. Und in Befragungen aus den USA geben 50 Prozent der Männer zu, während einer Beziehung schon mindestens einmal eine Affäre gehabt zu haben, bei den Frauen sind es 30 bis 50 Prozent. Untersuchungen in Deutschland liefern ähnliche Resultate. Fragt sich nur, ob die Befragten in solchen Studien immer die – peinliche – Wahrheit sagen. Womöglich ist Untreue also sogar noch weiter verbreitet.

Evolutionsbiologen wundern solche Zahlen kaum. Sie vertreten schon lange die Meinung, dass die Natur lebenslange Treue für den Menschen ebenso wenig vorgesehen hat wie für die allermeisten anderen Säugetiere. Auch haben sie eine Erklärung dafür parat, warum Männer zumindest theoretisch etwas stärker zur Untreue neigen könnten als Frauen.

Die Grundidee dabei: Jeder Einzelne ist bemüht, seine eigenen Gene möglichst effektiv an die nächste Generation weiterzugeben. Für »sie« ist das allerdings aufwendiger als für »ihn«. Ein Mann könnte, nachdem er ein Kind gezeugt hat, gleich zur nächsten Partnerin weiterziehen, um so möglichst viele Nachkommen zu zeugen. Einzige Investition: ein paar Spermien. Eine Frau muss dagegen neun Monate investieren, um das Baby auf die Welt zu bringen, es danach zu stillen und so weiter. Die Investition in ein Kind ist für sie also wesentlich größer, ein Seitensprung hätte – biologisch betrachtet – weiterreichende Konsequenzen. Insofern wird eine Frau sich genauer überlegen, mit wem sie ein Kind zeugen möchte. Angesichts des Aufwands lautet ihr Motto eher: Klasse statt Masse.

So weit die Theorie. Die zitierten Befragungen deuten indes eher an, dass Männlein und Weiblein in der heutigen

Gesellschaft nahezu gleich häufig untreu sind. (Immerhin muss auch der Mann heute nicht mehr nur seine Spermien, sondern mindestens noch den Unterhalt für den Nachwuchs investieren.) Und als Ausrede für einen aufgeflogenen Seitensprung taugen die Theorien von der menschlichen Natur ohnehin nur bedingt.

Denn nicht alles, was natürlich ist, ist für den einzelnen Menschen automatisch schön und gut. So wäre es vielleicht auch ganz natürlich, wenn man bei Hunger einfach schnell das aufisst, was man gerade in die Finger kriegen kann. Wer aber nicht dafür bezahlt, käme im Supermarkt sicherlich nicht mit dem Hinweis auf die natürliche Nahrungssuche des Menschen durch. Oder noch ein Beispiel: Wer dringend Pipi machen muss, hält das bis zum nächsten Klo unter Kontrolle – obwohl das Pinkeln an die nächste Ecke eigentlich ganz natürlich wäre, wie man an fast allen Hunden sehen kann.

Natur hin oder her: Nicht umsonst wünscht sich fast jeder, dass sein Partner treu ist. Viele Wissenschaftler sehen in größtmöglicher Treue auch eine kulturelle Errungenschaft, eine Erfolgsstory für die Gesellschaft. Allerdings warnen sie gleichzeitig: Wer Treue haben will, muss immer wieder an seiner Beziehung arbeiten, insbesondere an seinem Sexualleben. Denn ganz gegen ihre Natur kommt auch die stärkste Kultur nicht an.

60 Frühe Gefühle
Verliebt man sich wirklich meist im Frühling?

Selbst bei romantischen Fragen gehen Wissenschaftler manchmal recht nüchtern vor – und messen auf der Suche nach Frühlingsgefühlen einfach mal unsere Hormonwerte zu verschiedenen Jahreszeiten. Demnach gibt es zumindest einige biochemische Indizien für so etwas wie Frühlingsgefühle. Denn bestimmte Hormone folgen in der Tat einem jahreszeitlichen Rhythmus und werden durch Licht und Wärme beeinflusst. Bei Männern hat man früher konkret beobachtet, dass die Konzentration einiger Sexualhormone vom Frühjahr an hinein in den Sommer zunimmt, bis sie im Winter dann wieder sinkt.

Auch für die möglichen Folgen von Frühlingsgefühlen gibt es Indizien: In einer jahrzehntelangen Analyse haben Wissenschaftler aus Münster jeweils im Februar und März einen »Peak« bei den Geburtenraten festgestellt. Wer rechnen kann, stellt fest: Besonders viele Kinder müssen im späten Frühjahr des Vorjahres gezeugt worden sein. Es scheint also einiges darauf hinzudeuten, dass Menschen – biochemisch betrachtet – so offen für Frühlingsgefühle sind wie Tiere für ihre Brunftzeit. Bei Tieren stellt die Natur durch den jährlichen Rhythmus manchmal auch sicher, dass der Nachwuchs möglichst dann zur Welt kommt, wenn in der Natur etwas zu futtern da ist.

Aber natürlich ist der Mensch nur noch bedingt mit den Tieren zu vergleichen und die Zivilisation bleibt nicht ohne Folgen. Die erwähnten Februar-Peaks bei den Geburtenraten konnte man nur bis etwa 1970 beobachten. Danach scheinen andere Dinge wichtiger zu werden: soziale Faktoren, andere Verhütungsgewohnheiten usw. Und künstliches Licht, Häuser und Heizung mindern ohnehin den natürlichen Jahresrhythmus der Hormone – davon abgesehen, dass viele Menschen im Winterurlaub in die Sonne fliegen.

Hoffnung für Romantiker, die auf der Suche nach Menschen mit Frühlingsgefühlen sind und nicht jedes Jahr bis zur Kerzenromantik an Weihnachten warten wollen, liefert eine Studie aus Australien: Dort gaben Schüler und Studenten an, dass sie sich am häufigsten im Sommer oder spätestens im Frühherbst verliebt hätten.

61 Gehirn im Bauch

Wieso hat man ein komisches Gefühl im Magen, wenn etwas Unangenehmes auf einen zukommt?

Zugespitzt lautet die Antwort: Wir haben zwei Gehirne! Jedenfalls gibt es im Magen-Darm-Trakt ein eigenes Nervensystem. Und das besteht immerhin aus rund 100 Millionen Nervenzellen. Damit ist dieses Darmnervensystem größer als das Nervensystem im Rückenmark. Viele Mediziner sprechen daher tatsächlich vom »kleinen Gehirn« oder vom »Bauchgehirn«.

Die Denkleistung dieses »zweiten Gehirns« im Bauch beschränkt sich allerdings vor allem darauf, die Verdauung zu steuern. Das ist schwieriger, als man (mit dem anderen Gehirn) denken würde. Immerhin muss jedes Brötchen, das wir uns oben einwerfen, über eine Strecke von vier bis fünf Metern durch Dick- und Dünndarm transportiert werden. Dazu sind allein schon eine Menge Darmbewegungen zu koordinieren, damit das ganze Essen in die richtige Richtung rutscht.

Diese Koordination erledigt das Darmnervensystem zwar weitgehend selbstständig (es wäre ja reichlich lästig, wenn auch das Gehirn im Kopf detailliert über jedes Brötchen informiert würde, das da gerade durch den Körper wandert). Aber das heißt natürlich nicht, dass das kleine Gehirn im Bauch nicht trotzdem eng über das übrige Nervensystem mit dem Gehirn im Kopf verbunden ist. So erfährt der Magen-Darm-Trakt vom Gehirn zum Beispiel vorab, wenn gerade etwas zu essen aufgetischt wird, und stellt sich dann schon einmal darauf ein.

Über diese »Gehirn-Darm-Achse«, wie Wissenschaftler die Nervenverbindung nennen, bekommt der Bauch aber auch genau mit, wenn von außen etwas Unangenehmes auf uns (und ihn) zukommt. Und wenn es gerade zu viel Unangenehmes im Leben gibt, bleibt das meist nicht ohne Folgen auf den Magen-Darm-Trakt insgesamt: Das reicht dann von einfachen Bauchschmerzen bis hin zu schweren Darmentzündungen.

62 Von der langen Weile
Was passiert im Gehirn, wenn man sich langweilt?

Ein bisschen ist es mit dem Gehirn wie mit einem Muskel: Sobald es etwas zu tun bekommt, wird es besser durchblutet, mit mehr Nährstoffen und Sauerstoff versorgt und kann so mehr leisten. Nach intensiver Arbeit ist das Gehirn dann erschöpft und muss sich erholen.

Fehlt es hingegen an attraktiven Anreizen von außen oder an eigenen, aufregenden Gedanken von innen, ist das Gehirn jedoch recht hilflos: Jedenfalls scheint es kaum Mechanismen zu geben, mit denen es sich selbst automatisch gegen Langeweile zu schützen vermag (abgesehen davon, dass man es bewusst dazu zwingen kann, über aufregende Dinge wenigstens nachzudenken, wenn sie denn schon nicht passieren). Wissenschaftler können der Langeweile im Kopf sogar ein wenig zusehen, indem sie zum Beispiel mit Elektroden und einem sogenannten EEG die Hirnströme messen. Und diese Hirnströme scheinen sich zwischen einem gelangweilten und einem sehr beschäftigten oder müden Gehirn deutlich zu unterscheiden. Das Gehirn schaltet bei Langeweile quasi einen Gang zurück, ohne wirklich erschöpft zu sein.

Die Frage, was bei Langeweile genau im Kopf vorgeht, ist aber nicht nur für frustrierte Lehrer und gelangweilte Partner in Beziehungen interessant. Nachlassende Aufmerksamkeit ist in vielen monotonen Jobs ein Problem, zum Beispiel bei Piloten oder Lokführern: Sobald diese auf Automatik oder den Autopiloten umgeschaltet haben und das Gehirn fast nichts mehr zu tun bekommt, können Monotonie und Langeweile richtig gefährlich werden. Denn falls dann plötzlich doch wieder Konzentration gefragt ist, hat das Gehirn womöglich schon so gut wie abgeschaltet.

Als Gegenmittel versucht man, monotone Tätigkeiten interessanter zu machen, indem man etwa künstlich Abwechslungen einbaut – eine Art Beschäftigungstherapie für den Kopf sozusagen. Manche Forschergruppen versuchen sogar, in Echtzeit die Auslastung des Gehirns von Menschen zu messen, die an Computerarbeitsplätzen sitzen: Damit, so jedenfalls die Hoffnung, könnte der Nutzer dann genau mit der richtigen Dosis an Beschäftigung versorgt werden: nicht zu viel, damit er nicht überfordert ist, aber genug, um sich nicht zu langweilen.

Im Detail ist die Unterbeschäftigung im Kopf allerdings eine noch kompliziertere Angelegenheit – viele Experten halten sie sogar für komplizierter als Gefühle wie Angst oder Freude. Um wenigstens die gefühlte Langeweile besser messen zu können, teilen Wissenschaftler sie in verschiedene Typen ein: Neben der »Job-Langeweile-Skala« gibt es zum Beispiel eine »Freizeit-Langeweile-Skala« und – Überraschung! – eine »Sex-Langeweile-Skala«.

Der praktische Tipp

Wenngleich die Langeweile in Beziehungen im Gehirn wohl noch nicht im Detail beobachtet wurde, machen sich Langeweile-Forscher natürlich auch hierzu Gedanken – und untersuchen das Beziehungsleben in aufwendigen Studien. Der (banale?) Tipp von US-Forschern nach einer solchen Studie: Gelangweilte Paare sollten nicht nur darauf achten, genug Zeit miteinander zu verbringen, sondern in dieser gemeinsamen Zeit möglichst oft neue und spannende Dinge zu erleben. Das jedenfalls erhöhe die Zufriedenheit in der Beziehung deutlich stärker als ein bloßes Mehr an gemeinsamem Alltag.

63 Lachmaschine

Warum kann man sich nicht selber kitzeln?

192

Um die Frage nach dem Selberkitzeln zu beantworten, haben Wissenschaftler sogar schon eigens Kitzelmaschinen konstruiert, die dann auf kitzelwillige Versuchspersonen losgelassen wurden. Dabei kam heraus, dass nicht unbedingt ein anderer Mensch notwendig ist, um sich kitzeln zu lassen. Ein Automat würde dafür schon ausreichen.

Warum aber schafft man selbst nicht, was sogar Automaten können? Das liegt an einer Art Weichen- und Vorwarnfunktion im Gehirn, die Signale der Nerven aus dem Körper sortiert. Ist ein Nervenimpuls nicht überraschend, wird er anders eingeordnet als ein unerwarteter Reiz. Diese Sortierung von Reizen nach ihrer Bedeutung ist durchaus sinnvoll. Schließlich wäre es äußerst störend, wenn die Nervenenden am Fuß ständig mit der Meldung durchkämen, dass man einen Schuh anhat, oder die Nervenenden am Bauch dauernd durchgeben könnten, dass ein T-Shirt sie berührt: Man wäre ständig mit sich und den Konsequenzen aus seinen eigenen Bewegungen beschäftigt!

Damit äußere Berührungen im Gehirn als bedeutsamer eingestuft werden, benötigen sie daher ein gewisses Überraschungsmoment. Wenn ich mich selber kitzle, ist das für das Gehirn aber sehr vorhersehbar; es steuert ja selbst die Hand an die betreffende Stelle, wo dann der Kitzelreiz ausgelöst wird – und ignoriert prompt den Nervenreiz von dort. Erst wenn ein Fremder oder (eben eine Maschine) den Reiz auslöst, kann das Gehirn nicht genau vorausahnen, was es erwartet – und der Kitzelreiz kommt durch.

Erst die Kitzelmaschinen machten auch das Selberkitzeln möglich: Britische (!) Wissenschaftler benutzten dazu eine Art Roboter, an dessen Ende ein weicher Schwamm befestigt war, der über die Haut von Versuchspersonen strich. Gesteuert werden konnte die Kitzelbewegung von der Hand der Versuchspersonen selbst. Und siehe da: Das Selberkitzeln via Roboter gelang – allerdings nur, wenn die Wissenschaftler der Maschine vorgaben, die Bewegung mit mindestens zwei Zehntelsekunden Verzögerung weiterzuleiten: Diese Zeit benötigte das Gehirn offensichtlich, um zu vergessen, dass es die Kitzelbewegung selber angeordnet hatte.

Der praktische Tipp

Wer sich ohne maschinelle Hilfsmittel partout selber kitzeln möchte, hat am ehesten noch eine Chance, wenn er oder sie eine Feder nimmt und sich damit über die Fußsohle streicht. Die Feder fühlt sich etwas ungewohnter an als die eigene Hand; die Nerven am Fuß sind weit weg vom Gehirn, sodass die Signale etwas verzögert ankommen. Außerdem sind zarte Berührungen am Fuß eher selten im Alltag – und somit ist das alles wenigstens ein bisschen überraschend.

64 Vorsicht, Selbstschnarcher!
Warum wird man nicht von seinen eigenen Schlafgeräuschen wach?

Prinzipiell kann man natürlich von jedem lauten Geräusch aufwachen, auch vom eigenen Schnarchen. Wie leicht man jedoch von einem Geräusch aufwacht, hängt neben der Lautstärke vor allem von zwei Dingen ab: von der Schlafphase, in der man sich gerade befindet, und von der Art des Geräuschs.

Zur Schlafphase ein Beispiel: Wenn sich das Gehirn in einer Tiefschlafphase befindet oder im Traumschlaf besonders intensiv in einen Traum versunken ist, kann es sogar passieren, dass nicht einmal lautes Weckerklingeln zu ihm durchdringt: Das Gehirn hat auf absolute Ruhe geschaltet, oder es ist einfach zu sehr mit sich selbst und seinem Traum beschäftigt.

Noch schlechtere Chancen, zum Gehirn durchzudringen, als der Wecker hat aber das Geräusch des eigenen Schnarchens. Denn was das Ohr an das Gehirn vermelden darf, wird von einer Art Türsteher im Kopf einer Bewertung unterzogen, bevor es ins Bewusstsein dringt: Wenn eine Mutter – und sei es nur ganz leise – ihr Baby schreien hört, so ist sie schnell alarmiert, da das Geräusch für sie sehr bedeutsam ist. Ein vorbeifahrendes Auto, das womöglich sogar viel lauter ist, wird dagegen ausgeblendet, wenn man es gewöhnt ist. Der Türsteher im Kopf lässt unwichtige Dinge also kaum herein. Erst recht gilt das für das eigene Schnarchen. Denn das bewertet das Gehirn natürlich nicht gerade als wichtige Information oder gar als Bedrohung von außen, auf die man reagieren muss.

Doch selbst ohne aufzuwachen ist so mancher Schnarcher am nächsten Morgen unausgeruht wie nach einer durchwachten Nacht. Das liegt aber nicht etwa daran, dass er durch das Schnarchen doch aufgewacht wäre. Vielmehr kann intensives Schnarchen ein Indiz für eine ernstere Atemstörung sein. Der Körper leidet dadurch dann über Nacht an Sauerstoffmangel – und das bleibt nicht ohne Folgen für den nächsten Tag.

65
Blaue
Jungs
Warum ist
Rosa die
Mädchen-
Farbe?

Spätestens wenn man mit kleinen Mädchen im Spielwarenhaus an einer Art Jahrmarkt der rosa Grausamkeiten von Barbie bis Prinzessin Lillifee vorbeiläuft, erhält die Frage nach dem Mädchenrosa fast eine existenzielle Dimension. Und die Antwort spendet etwas Trost: Bis vor 100 Jahren war Rosa oder ein helles Rot eher die Farbe der Jungs!

Das jedenfalls rekonstruieren Kulturwissenschaftler aus alten Gemälden: Auf denen trugen die Prinzen fast immer Rot oder Rosa (was als »kräftigere Farbe« galt), während der Mantel der Jungfrau Maria meist blau war. Auch das Jesuskind trug – wenn nicht Weiß – meistens eine rötliche Farbe. Diese wichtige christliche Farbsymbolik hielt sich bis zum Ende des 19. Jahrhunderts. Damals kamen dann Blaumänner und blaue Matrosenanzüge in Mode, die man auch Kindern gerne anzog – anfangs übrigens Jungen und Mädchen gleichermaßen. Im Kopf war aber offensichtlich von da an zunehmend gesetzt: Matrosen (und damit Männer) tragen Blau.

Wie sich daraus umgekehrt der – in seinen Extremen doch etwas gruselige – rosa Modetrend verbreitete, weiß man allerdings nicht genau. Aber schon in den 1920er-Jahren tauchten rosa Taufkleider für Mädchen im englischen Königshaus auf. So richtig los ging es aber offenbar erst nach dem Zweiten Weltkrieg. Und sobald die Mode einmal etabliert war, taten Omas, Opas und die Spielwarenindustrie ihr Übriges, um den Trend zu festigen: Mehr als 300 Produkte sind inzwischen allein von der rosaroten Lillifee-Prinzessin auf dem Markt – von der Butterbrotdose bis zur Tapete (und ein verzweifelter Journalist der Süddeutschen Zeitung prognostizierte, dass bald noch Lillifee-Noppenkondome, Lillifee-Handfeuerwaffen und Lillifee-Giftgasmasken hinzukommen könnten).

Damit könnte die rosarote Antwortgeschichte auch schon vorbei sein, wären da nicht vor einigen Jahren britische Wissenschaftler mit ihrer Studie erschienen. Und die behaupten nun ernsthaft, die Präferenz für rötliche Töne bei Frauen und Mädchen sei zum Teil biologisch bedingt. Die Wissenschaftler hatten junge Männer und Frauen einem Farbtest unterzogen, bei dem die Testpersonen so schnell wie möglich ihre bevorzugte Farbe aus einer Auswahl verschiedenfarbiger Rechtecke aussuchen mussten.

Zwar bevorzugten ihre Versuchspersonen insgesamt durchgängig Blautöne. Aber Frauen zeigten auf der Farbskala zusätzlich eine leichte Tendenz zu rötlichen Tönen – und Blau mit Rot ergibt Pink, Rosa oder Lila. Als die Wissenschaftler ähnliche Versuche später jedoch mit vier bis fünf Monate alten Babys wiederholten, gab es keinen Unterschied zwischen Jungs und Mädchen. Das wiederum spricht weniger für die Gene, sondern für die Spiel- und Kleiderindustrie als Urheber der rosa Präferenzen.

Der praktische Tipp

Falls kleine Mädchen sich nach dem Besuch eines Spielwarenladens ein rosa Prinzessinnenpferd wünschen, sollte man mit ihnen anschließend ein geeignetes Gemäldemuseum aufsuchen. Im Museum dann bei jeder Gelegenheit vor alten Bildern von Prinzen stehen bleiben und zeigen, dass Rosa eigentlich nur etwas für Jungs ist. An Weihnachten höflich kapitulieren, wenn Oma und Opa trotzdem das rosa Pferd gekauft haben. Als Mann abschließend sein eigenes rosa Hemd anziehen und sich erneut damit trösten, dass Rosa ja eigentlich nur etwas für Jungs ist.

66 Pille für den Mann

Werden Männer immer weiblicher durch Pillenreste im Abwasser? Oder bauen Kläranlagen das ab?

Auch Männer nehmen die Pille. Allerdings nur in minimalen Mengen. Denn viele Kläranlagen sind tatsächlich nicht in der Lage, Hormone im Abwasser komplett abzubauen. Rückstände von der Antibabypille (und von anderen Medikamenten), die der Körper eventuell ausscheidet, gelangen daher über die Toilette ins Abwasser – und später in sehr geringen Konzentrationen auch ins Trinkwasser. Vor allem Abwässer aus Krankenhäusern enthalten einen bemerkenswerten Arzneicocktail, mit dem insbesondere ältere Kläranlagen kaum fertigwerden. Und das Umweltbundesamt berichtet inzwischen von mehr als 150 verschiedenen Arzneistoffen, die Wissenschaftler mittlerweile in Seen, Flüssen, im Grundwasser und im Boden nachgewiesen haben.

Die Frage ist nun, ob die geringen Konzentrationen, die im gereinigten Wasser aus der Kläranlage (und im weiter verdünnten Trinkwasser) noch übrig bleiben, ausreichen, um »Männer immer weiblicher« zu machen. Bei Tieren kann man solche Effekte beobachten: Da gibt es verweiblichte Fischmännchen, die Spermien und Eizellen gleichzeitig bilden, oder Schnecken und Frösche, die unfruchtbar werden. Beim Menschen wurden solche extremen Effekte durch Rückstände im Trinkwasser bisher nicht beobachtet: Allerdings gibt es zumindest Indizien dafür, dass sich die durchschnittliche Zahl von Spermien bei Männern verringert. Weitere Studien sollen das genauer klären.

Als Verursacher stehen dabei allerdings weniger die Hormone aus der Antibabypille unter Verdacht, sondern vielmehr hormonähnliche Substanzen – Stoffe also, die Hormonen in ihrer chemischen Struktur so ähnlich sind, dass der Körper sie mit ihnen verwechselt. Sie gelangen zum Beispiel aus Weichmachern und Flammschutzmitteln von Kunststoffen, aus Pflanzenschutzmitteln, aber auch aus Waschmitteln und Kosmetika in die Umwelt. Und wenngleich ihr Effekt auf Mensch und Tier noch nicht im Detail geklärt ist, dürfte er wohl größer sein als der von Rückständen aus der Antibabypille. Wie groß genau, darum wird zwischen Forschern, Umweltschützern und Industrie erbittert gestritten.

Jüngste Messungen aus den USA deuten allerdings an, dass weitaus mehr Medikamentenrückstände im Abwasser landen könnten als bisher angenommen. Das liegt jedoch nicht an einem ausufernden Pillenkonsum, dessen Rückstände dann über die Toilette im Abwasser landen. Verursacher scheint in vielen Fällen die Pharmaindustrie direkt zu sein, die mit den Abwässern aus ihrer Produktion auch reichlich Medikamentenreste in die Kläranlage spült.

67 Viel Text um nix
Was ist das Nichts?

Eigentlich müsste man zu dieser Frage gar nichts schreiben – und hätte sie doch irgendwie beantwortet! Das Erstaunliche dabei: Jeder würde bemerken, dass an dieser Stelle »nichts« zu lesen ist. Paradoxerweise kann man also sogar etwas wahrnehmen, das gar nicht da ist. (Für Radiomacher ist es übrigens eine bittere Erkenntnis, dass trotz der allerbesten Gags kaum etwas die Hörer mehr aufhorchen lässt als Stille – also wenn plötzlich »nichts« mehr aus dem Lautsprecher kommt.)

Aber philosophisch betrachtet ist alles noch schlimmer: Wir können umgekehrt gar nicht sicher sein, dass etwas nicht existiert, denn die Nichtexistenz einer Sache lässt sich kaum beweisen. Wer beispielsweise diesen Text hier nicht gefunden hat, kann noch lange nicht sicher sein, dass dieser Text nicht existiert. Vielleicht hat er oder sie ihn ja überblättert oder womöglich (zugegebenermaßen extrem unwahrscheinlich!) das Mitwisser-Buch nicht gekauft.

Das »Nichts« ist also gar nicht so leicht zu fassen: Ähnlich wie bei diesem Text kann man – um ein klassisches Beispiel zu nennen – auch nicht beweisen, dass es das Ungeheuer von Loch Ness *nicht* gibt. Vielleicht sieht man es ja nur nicht, weil es sich versteckt hat oder rechtzeitig abgetaucht ist. Viel leichter ist es jedenfalls zu beweisen, *dass* etwas existiert: Wenn zum Beispiel jemand behauptet, es gebe keine Ungeheuer in Seen, reicht es schon aus, ein einziges Ungeheuer zu finden – und schon hat man bewiesen, dass solche Viecher existieren können.

Mit solchen Fragen nach dem Nichts und seinem Gegenteil, dem Sein oder der Existenz, schlagen sich Philosophen schon seit der Antike herum, darunter Hegel und Sartre. »Das Sein und das Nichts« lautet etwa der Titel von Sartres Hauptwerk. Und in den Cafés, in denen Sartre gerne herumhing, machte er Gedankenexperimente zur Wahrnehmung von Dingen, die gar nicht da sind.

Doch trotz solch vielversprechender Werke haben auch all diese Denker natürlich nicht die endgültige Antwort auf die Frage nach dem Nichts. Und damit wäre nun wirklich nichts mehr weiter zum Thema zu sagen – vielleicht bis auf den Hinweis, dass das Nichts in der Literatur offenbar auch für das Verhältnis von Frauen und Männern als bedeutsam erkannt wurde (siehe »Der praktische Tipp«).

Der praktische Tipp

Gekürzter Auszug aus dem Buch »Alles was Männer über Frauen wissen« (M. I. Sogine: »Tout ce que l'homme sait de la femme«), Etincelle éditeur, Montreal 1992

PARTY & FILM:

abends, nachts und frühmorgens: von der Rolle!

»Wenn man im Mittelpunkt einer Party stehen will, darf man nicht hingehen.«

Altbekannte Regel, gilt aber nur für Partys, wo einen die Leute auch kennen – und wenn man ehrlich ist, auch nur dann, wenn man ein unstetes und viel aufregenderes Leben lebt als die meisten anderen Gäste.

Wer aufs Feiern nicht verzichten will, aber Gründe braucht, um ins Gespräch zu kommen, für den haben wir jede Menge Gesprächsstoff.

Und auch für Möchtegern-Cineasten ist gesorgt: Wir legen noch eine Filmrolle Angeberwissen aus Hollywood obendrauf. Ganz Old School, ohne die albernen 3-D-Brillen.

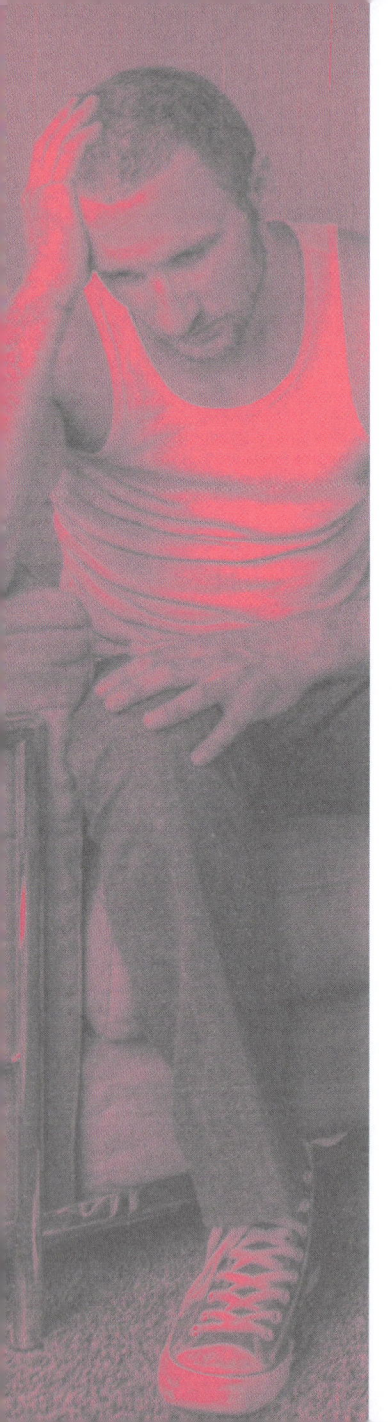

68
Piep, piep, piep
Warum hat man
nach Konzerten
oft einen Piepton
auf den Ohren?

Irgendwie scheint die Natur laute Konzerte nicht eingeplant zu haben. Denn während der Körper eine Hand auf der heißen Herdplatte meist rechtzeitig bemerkt, ist die Schmerzgrenze für zu große Lautstärken eigentlich viel zu hoch: Wenn es wehtut, ist es fast zu spät.

War ein Konzert oder die Musik im Club zu laut, merkt man die Folgen daher meist erst hinterher: Spezielle Haarzellen im Innenohr, die mechanische Schallwellen in Nervenreize umwandeln, werden durch die extreme Lautstärke erschöpft, im schlimmsten Fall zerstört. Dass diese Zellen danach plötzlich stumm sind, irritiert das Gehirn so sehr, dass es sich die fehlenden Töne selbst zusammenreimt – nach dem Motto: Da muss doch eigentlich etwas sein! Der Effekt ähnelt einem Phantomschmerz, den manche Patienten nach der Amputation eines Beines wahrnehmen.

Warum aber ist das Phantomgeräusch nach Konzerten eher ein Piepen und kein tiefes Brummen? Das liegt daran, dass Haarzellen für hohe Frequenzen meist als Erstes zerstört oder zumindest überlastet werden. Ein Audiologe der Universität Heidelberg hat das mal mit einem Teppich verglichen, der in der Nähe der Tür am stärksten abgenutzt ist. Das Gehirn rekonstruiert dann Phantomgeräusche mit genau diesen hohen Frequenzen, die die entsprechenden abgenutzten Haarzellen nicht mehr liefern – Pieptöne eben.

Ganz ohne erhobenen Zeigefinger geht es bei dieser Frage übrigens nicht. Denn wenn Haarzellen im Ohr einmal tot sind, kann man nicht mehr viel machen. Sind die Zellen nur erschöpft (vergleichbar mit einem Muskelkater), können sie sich noch erholen. Manchmal sind vermeintlich uncoole Ohrstöpsel also doch eine Super-Idee!

69 Der Rhythmus,
bei dem man mitmuss

Wieso muss man sich beim Hören von Musik gleich mitbewegen?

Die Frage könnte fast so alt sein wie die Menschheit selbst, immerhin haben bereits Steinzeitmenschen getanzt. Manche Forscher vermuten sogar, dass menschliche Wesen schon tanzen, seit sie auf zwei Beinen laufen können.

Dass der Mensch für Rhythmen in der Musik so empfänglich ist, hat nach Ansicht vieler Wissenschaftler damit zu tun, dass der Körper selbst von einer ganzen Reihe eigener Rhythmen geprägt ist: Beim Herzschlag ist das offensichtlich, aber auch viele Funktionen im Gehirn und bei Bewegungsabläufen funktionieren nur dank körpereigener Taktgeber. Selbst wenn man normal geht, folgen die Muskeln bereits einem genau koordinierten Ablaufplan. Und aus der Schule kennt man die rhythmischen Beinwackler, die ständig mit den Knien zappeln – sogar ganz ohne Musik.

Körpereigene Taktgeber passen sich aber auch an die Außenwelt an: Wenn man sich vor etwas erschreckt, beschleunigt man beispielsweise seine Schrittfrequenz, um wegzulaufen. Der eigene Körperrhythmus ist also auch offen für Taktgeber von außen. Und das gilt nicht zuletzt für den Takt von Musik. Wenn sie auf den richtigen Resonanzboden fällt, kann man sich kaum dagegen wehren, gleich mitzugehen – insbesondere dann, wenn ein Musikstück bereits bekannt ist.

So weit ein grobes Erklärungsmodell. Um aber zu untersuchen, was im Kopf genau passiert beim »Mitwippen«, legen Forscher schon einmal Hobbytänzer in einen Tomografen, der Bilder von unterschiedlichen Gehirnaktivitäten aufnimmt. Im Tomografen sollen die Tänzer dann – auf dem Rücken liegend – mit den Füßen Tanzbewegungen ausführen, und das mal mit und mal ohne Musik. Das Ergebnis: Offenbar werden beim Tanzen tatsächlich viele (»sensomotorische«) Gehirnareale aktiv, die auch bei normalen Bewegungen eine Rolle spielen und zum Beispiel beim Laufen oder Autofahren das Zusammenspiel zwischen Innenwelt und Außenwelt steuern. Der Rhythmus steckt also womöglich tatsächlich in uns und muss nur aktiviert werden.

**70
Echo im
Kopf**

Warum
bekommt man
Ohrwürmer?
Und das
auch noch bei
schlechten
Liedern?

Eigentlich sind Ohrwürmer für Menschen harmlos. Das jedenfalls behaupten Biologen, die sich mit der sechsbeinigen Insektenvariante dieser seltsamen Tiere befassen. Andererseits scheinen deren furchterregenden Zangen fast schon darauf hinzudeuten, dass ihre musikalischen Verwandten sich tief über das Ohr ins Gehirn eingraben können – um einem dort den letzten Nerv zu rauben.

Leider (oder zum Glück?) kennen aber auch Musikpsychologen keine Universalrezepte für die Produktion von Ohrwürmern, zumal jeder Mensch offenbar von sehr unterschiedlichen Exemplaren dieser lästigen Viecher befallen wird. So viel aber scheint klar: Besonders anhänglich sind Musikstücke, die recht einfach gestrickt sind – ein Kinderlied oder ein simpler Schlager nisten sich also leichter im Kopf ein als eine komplexe Arie aus der klassischen Musik. Auch sich wiederholende Textpassagen, Musiksequenzen und Motive begünstigen einen Ohrwurm. Nach dem Ende des Liedes wiederholt das Gehirn solche Passagen dann wie ein Echo selbstständig weiter.

Umgekehrt sorgt aber auch die eine oder andere überraschende Stelle in einem Musikstück dafür, dass es besser im Kopf hängen bleibt. Das kann beispielsweise ein ungewöhnlicher Rhythmuswechsel in einem Song sein. Ein amerikanischer Wissenschaftler von der Universität Cincinnati, der mehr als 550 Studenten über ihre Ohrwurm-Erfahrungen befragt hat, nennt dafür Beispiele wie Dave Brubecks »Take Five« oder »America« aus der West Side Story.

Diese letzte Beobachtung führt auch gleich zu einer Antwort auf die Frage, warum manche Menschen zumindest den Eindruck haben, dass sich besonders jene Lieder als Ohrwurm in den Kopf eingraben, die einem gar nicht gefallen: Ganz generell speichert das Gehirn Dinge besser ab, die mit einer starken Emotion verbunden sind (eine Tatsache übrigens, die man sich auch beim Pauken auf die nächste Prüfung oder Klassenarbeit zunutze machen kann). Dabei ist es oft sogar egal, ob es sich um positive oder negative Gefühle handelt. Das wäre eine mögliche Erklärung dafür, warum auch Lieder, über die man sich sehr ärgert, im Kopf eine ganze Weile überleben können. Generell scheint übrigens zu gelten: Wem Musik wichtig ist, der leidet im Durchschnitt länger unter einem Ohrwurm und bekommt ihn schwerer unter Kontrolle als jemand, dem Musik weniger wichtig ist.

Der praktische Tipp

Was sind wirksame Gegenmittel gegen die mitunter biestigen Ohrwürmer? Die in der US-Studie befragten Studenten nannten als häufige Ohrwurmkiller jedenfalls »sich mit etwas anderem intensiv beschäftigen«, »laut lesen«, »etwas anderes summen« oder – besonders gemein – »versuchen, den Ohrwurm an jemand anderen weiterzugeben wie einen Schwarzen Peter«. Britische Wissenschaftler halten es generell für erfolgversprechender, den Ohrwurm »passiv zu akzeptieren«, statt aktiv dagegen vorzugehen. Und ihr Trost: Kaum ein Ohrwurm scheint im Kopf länger als 24 Stunden zu überleben.

71 Unnötige Reibungsflächen

Hilft es, Münzen am Automaten zu reiben?

Egal ob der Zigarettenautomat im Club oder der Kondom-automat auf dem Klo: Wenn man wissen will, wie die Welt hinter dem Münzschlitz eines Automaten aussieht, begibt man sich schnell auf hochgeheimes Terrain. Schließlich will kein Automatenhersteller ganz genau preisgeben, wie sich sein Münzprüfer am besten austricksen lässt. Eines steht jedenfalls fest: Durch schlichtes Reiben der Münze am Automaten dürfte das nicht gelingen.

Wenn die Münze im Münzschlitz verschwunden ist, rollt sie bei den meisten Automaten wie auf einer Kugelbahn an verschiedenen Sensoren vorbei. Diese messen nicht nur Gewicht und Maße der Münze, sondern auch elektrische und magnetische Eigenschaften. Die sind zwar vom Ma-terial, also der Metallzusammensetzung, abhängig. Aber durch einfaches Reiben verändert sich das Metall natür-lich nicht.

Bleibt die Frage, warum es manchmal eben doch zu funktionieren scheint und der Automat eine Münze nach dem Reiben dann plötzlich akzeptiert. Die Erklärung: Beim zweiten Mal hat man die Münze immer etwas an-ders eingeworfen als beim ersten Mal: etwas fester oder leichter, etwas verdreht, in einem anderen Winkel und so weiter. Dadurch rollt die Münze dann ein klein wenig an-ders an den Sensoren im Automaten vorbei, die ihre Eigen-schaften messen.

Diese leicht veränderten Messwerte können schon ausreichen: Eine bei der ersten Messung abgelehnte Münze liegt dann doch gerade noch im Toleranzbereich, der akzeptiert wird. Denn etwas Toleranz bei der Messung muss sein, da nicht jede Münze exakt der anderen gleicht. Und im Zweifelsfalle lässt der Automat eine Münze lieber erst einmal durchfallen. Anstelle des Reibens könnte man mit der Münze aber genauso einmal um den Automaten laufen oder schlicht gar nichts tun – die Chance, dass sie beim zweiten Mal akzeptiert wird, bleibt die gleiche.

Künftig, so eine Idee von Forschern und Münzherstellern, könnten auf den Münzen (ähnlich wie auf Geldscheinen) auch hologrammähnliche Markierungen eingesetzt werden, die der Münzprüfer dann zusätzlich erkennt. Im Sinne eines Beschäftigungsprogramms sollte man aber vielleicht ganz einfach vorschlagen: weniger Automaten, mehr freundliche Verkäufer! Dann kommt jedenfalls keiner mehr auf die Idee, seine Münzen vor dem Bezahlen an irgendetwas herumzureiben.

72 Kalte Schwimmer im Cocktail
Warum bleiben Eiswürfel im Glas immer oben?

Wer beim entspannten Cocktailschlürfen glaubt, er wäre in Sicherheit vor allen Fragen der Physik, muss enttäuscht werden: Die Physik hängt in Form von Eiswürfeln gleich am oberen Glasrand. Dabei würde man eigentlich erwarten, dass das Eis auf den Boden des Glases sinkt. Immerhin ziehen sich fast alle Flüssigkeiten beim Abkühlen zusammen, bis ihre Moleküle immer noch dichter gepackter sind, das Zeug also immer schwerer und schließlich fest wird.

Bei Eis aber ist alles anders. Es bleibt sogar oben auf dem Wasser schwimmen, wenn man einen Deckel auf sein Glas schiebt und das Ganze umdreht. Eiswürfel drehen sich quasi mit dem Glas um und bleiben an der Oberfläche. Offensichtlich ist Eis leichter, also weniger dicht gepackt als das flüssige Wasser.

Beim Party-Cocktail im Sommer ist das nur ein netter Nebeneffekt. Im Winter aber rettet dieser Effekt so manchem Fisch das Leben: Denn ähnlich wie sich das Eis im Cocktailglas oben hält, frieren auch Seen von oben nach unten zu. Während man oben schon Schlittschuh laufen kann, haben die Fische darunter weiter genug flüssiges Wasser zum Schwimmen. Erst wenn ein See oder Tümpel bis auf den Grund zufriert, werden sie zu Tiefkühlfisch.

Warum genau aber ist Eis nun leichter als flüssiges Wasser? Wasser ist aus physikalischer Sicht keineswegs banal, sondern etwas ganz Besonderes. Jedes Wassermolekül hat negativ und positiv geladene Enden, wodurch sich die Moleküle gegenseitig stark anziehen. Im flüssigen Wasser können sich die Moleküle dabei gegenseitig ausrichten und schließlich so anordnen, dass sie besonders dicht aneinandergeschmiegt sind. Im festen Eis funktioniert diese freie Ausrichtung nicht mehr so gut. Das Resultat: Die Moleküle sind weniger dicht angeordnet als im flüssigen Wasser. Eiswürfel sind daher leichter und schwimmen immer oben.

Der praktische Tipp

Wer auf einer Party besonders viel Getränk in sein Glas bekommen möchte, muss eins beachten: Am schwersten (oder genauer gesagt am dichtesten) ist Wasser bei knapp vier Grad Celsius. Bei keiner anderen Temperatur passt mehr Stoff in das gleiche Volumen, sprich: ins Glas. Vor allem sparsame Wassertrinker sollten an der Theke daher immer vier Grad kalte Getränke bestellen.

73 Perlen im Glas

Warum sprudelt Sekt?

Das Dasein als Kohlensäure in Cola, Sprudel und selbst in Sekt ist ein hartes Los. Man wird als Kohlendioxid-Gas mit zwei bis drei Bar Druck in die Flüssigkeit gepresst oder als natürliches Produkt der alkoholischen Gärung eingesperrt (wobei ein Druck von bis zu 6 Bar entstehen kann – so viel wie in einem Lkw-Reifen). Sobald die Flasche geöffnet ist, würde die aus Kohlendioxid und Wasser entstandene Kohlensäure daher gerne sofort wieder heraus. Zudem ist Kohlensäure extrem instabil und zerfällt gerne sofort wieder zurück in Wasser und Kohlendioxid. Dieses Kohlendioxid hat aber trotz des hohen Drucks gewisse Hemmungen, sich wieder in Gasbläschen zu verwandeln. Und diese Hemmungen sorgen dafür, dass das Gas nicht auf einmal entweichen kann.

Damit das Kohlendioxid wieder hinauskommt, sind raue Oberflächen nötig, ein Kratzer im Glas oder kleine Verunreinigungen, quasi die Geburtshelfer für jedes Bläschen. Mit anderen Worten: Sekt perlt, weil ein wenig Dreck im Glas ist: ein Flusen vom Trockentuch oder ein Staubkorn aus der Luft, das sich vor dem Einschenken im Glas niedergeschlagen hat. Im Labor haben Physiker Gläser einmal testweise so sauber gespült, dass tatsächlich nichts mehr sprudelte (allerdings mit fieser Chromschwefelsäure, was im Hausgebrauch eher nicht als Spülmittel zu empfehlen ist).

Auch Druckschwankungen, die beim Schütteln entstehen, helfen bekanntlich der Bildung von Gasbläschen nach. Das Schütteln liefert die nötige Energie, den nötigen Antrieb, um die ersten Hemmungen der Kohlendioxid-

moleküle zu überwinden, sich zu Gasbläschen zusammen-
zufinden.

Ist eine Blase am rauen Glasrand oder am Staubkorn
aber erst einmal gebildet, gibt es noch ein zweites Hinder-
nis auf dem Weg nach draußen: Die Blase hängt an ihrem
Geburtsort erst einmal fest. Erst wenn ihr Volumen langsam größer wird, reicht der Auftrieb aus, um sich abzu-
lösen. Dann wird an der gleichen Stelle sofort die nächste
Blase gebildet, bis diese auch wieder groß genug ist – und
so weiter. Die Blasen steigen dann wie an einer Perlen-
kette gezogen nach oben. Beim Aufsteigen sammelt jedes
Bläschen weiteres Kohlendioxid aus dem Getränk ein und
wächst dadurch immer weiter, bevor es an der Oberfläche
zerplatzt.

Je kühler ein Getränk ist, desto geringer ist übrigens das
Bedürfnis von Kohlendioxid, aus einer Flüssigkeit zu entweichen. Ein französischer Physiker hat die ganze Blasen-
bildung (natürlich vor allem in Champagner!) über Jahre
hinweg genauestens untersucht und die Bläschen fotogra-
fiert und gezählt. Seine Fotos waren inzwischen schon in
mehreren Ausstellungen zu sehen. Und 100 Bläschen pro
Sekunde sollen es sein, die sich in einem frisch einge-
schenkten Glas bilden. Immerhin sind in den sprudelnden
Getränken gleich mehrere Liter Kohlendioxid gelöst. Und
nur dank der genannten Hemmungen bleiben die überhaupt eine Weile drin.

Der praktische Tipp

Während sich der wissenschaftliche Genießer noch fragt, wie die Kohlendioxidbläschen die Sekt- und Champagnerflasche verlassen, fragt sich der praktisch veranlagte Genussmensch vor allem: Wie bleibt das Zeug länger drin, wenn die Flasche erst einmal offen ist? Wir wagen an dieser Stelle nun die Wette (um mindestens eine Flasche Schampus), dass neun von zehn Lesern sofort an die Sache mit dem Silberlöffel gedacht haben: Falls kein Stopfen zur Hand, Löffel rein, Flasche in den Kühlschrank und dann selbst mit dem beruhigten Gefühl ins Bett, dass man alles nur Mögliche gegen ein schales Getränk am Morgen danach getan hat. – Aber funktioniert das wirklich? Die Bedeutung dieser Frage lässt sich schon daran erkennen, dass sie unzählige Wissenschaftler (nicht zuletzt von der altehrwürdigen Stanford University!) und Journalisten (nicht zuletzt vom WDR!) zu Experimenten verleitet hat, die den Experimentatoren zum Teil aufopferungsvolle Selbstversuche abverlangten. Das Ergebnis in Kürze: Das Ganze bringt – wenn überhaupt – nur sehr, sehr wenig. Und wenn man den Versuch startet, dann sollte es tatsächlich ein Silber- (oder wenigstens ein sonstiger Metall-)löffel sein. Eine mögliche Erklärung: Der Sekt wird durch das Metall etwas schneller kalt im Kühlschrank, und in kaltem Sekt bleibt Kohlensäure etwas besser drin. Unser praktischer Tipp lautet hingegen: Im Zweifelsfalle die Flasche abends einfach noch austrinken!

74 Heiße Nebenwirkungen

Wird man durch Glühwein schneller betrunken?

So süß und warm der Glühwein die Kehle hinunterrinnt, könnte man natürlich schon denken, dass der Alkohol in dieser Form besonders leicht den Weg ins Blut findet (und man somit schneller betrunken wird). In Wahrheit aber scheint der Effekt – wenn überhaupt messbar – minimal zu sein.

Entscheidend für die Alkoholaufnahme sind nämlich vier Dinge: die Menge (klar!) und die Konzentration im Getränk, die Kontaktzeit und die Größe der Schleimhautoberfläche, über die der Alkohol ins Blut wandern kann. Das führt dazu, dass höchstens wenige Prozent über die Mundschleimhaut und die Wand der Speiseröhre ins Blut gelangen – denn die Oberfläche ist klein und die Kontaktzeit kurz. Etwas mehr ist es im Magen, der weitaus größte Teil aber wandert erst über den Zwölffingerdarm ins Blut. Der erreicht durch seine raue und faltige Struktur die Oberfläche eines Fußballfeldes. Bis eine Tasse Glühwein aber endlich dort unten angekommen ist, hat dieser die gleiche Temperatur wie ein Glas normaler Wein: nämlich Körpertemperatur. Für den Körper ist es daher fast egal, ob wir kalten oder warmen Alkohol trinken.

Warum aber hat man trotzdem leicht den Eindruck, mit Glühwein würde man schneller betrunken? Zum einen hat die höhere Temperatur zumindest in Mund und Speiseröhre einen minimalen Effekt: Die Schleimhaut wird dort durch die Wärme besser durchblutet und geweitet, sodass der Alkohol dort womöglich ein weniger schneller ins Blut abtransportiert werden kann. Und normalen Wein trinkt man – anders als Glühwein – häufig zum Essen, was wiederum die Aufnahme verlangsamen kann.

Vielleicht aber sorgt auch der süße süffige Geschmack (ähnlich wie bei Alcopops) dafür, dass man gar nicht so sehr merkt, welche Menge Alkohol man da zusammen mit dem ganzen Zucker hinunterkippt. Andererseits: Wenn der Glühwein bereits einen ganzen Tag am Weihnachtsmarktstand vor sich hin geköchelt ist, sollte eine Menge Alkohol schon in den Weihnachtsmarkthimmel verdampft sein.

75 Wahrheit im Wein

Stimmt es, dass man ehrlicher antwortet, wenn man betrunken ist?

Wie die meisten wohl aus Selbstversuchen wissen, kann die Wirkung von Alkohol sehr unterschiedlich sein. Und sie ist noch dazu von Mensch zu Mensch verschieden. Generell wirkt Alkohol in geringen Mengen jedoch meist enthemmend und führt zunächst zu erhöhter Aktivität. Die Leute werden redseliger, distanzloser und risikobereiter. Womöglich ist das auch ein Grund dafür, warum so mancher Angetrunkene eher bereit ist, die Wahrheit zu sagen. Oder es fällt ihm umgekehrt schwerer, die Wahrheit bewusst zu verschweigen. Denn auch die Konzentrationsfähigkeit leidet unter dem Einfluss von Alkohol.

Ein Grund für die zunehmende Aktivität und die enthemmende Wirkung ist, dass Alkohol gezielt auf bestimmte Nervenzellen wirkt. Diese senden dann viel häufiger als sonst Nervenimpulse aus. Außerdem regt der Alkohol noch die Produktion chemischer Signalstoffe an, die mit Adrenalin verwandt sind: Durch die Produktion der körpereigenen Drogen geht es sozusagen richtig rund an manchen Stellen im Kopf.

Wer nun aber denkt, dass Alkohol automatisch wie ein Wahrheitsserum wirkt, den muss man enttäuschen. Dazu sind die Effekte zu unberechenbar und eben noch von individuellen Faktoren abhängig. Manche Leute reden totalen Unsinn, der mit der Wahrheit womöglich gar nichts mehr zu tun hat. Viele Menschen werden bei höheren Dosen aber auch wieder weniger redselig und schweigen. Oder – noch schlimmer – sie sagen vielleicht die Wahrheit, man versteht sie aber nicht mehr vor lauter Lallen. Schließlich leiden bei höheren Alkoholdosen bekanntlich die Koordinationsfähigkeit und die Feinmotorik.

Neben der Frage nach Wahrheit durch Alkohol muss man aber auch noch eine Wahrheit über Alkohol loswerden: Ungefähr jeder zehnte Verkehrstote in Deutschland ist auf Alkohol am Steuer zurückzuführen. Wer die Suche nach der Wahrheit im Wein also per Experiment ausprobieren möchte, sollte danach bitte unbedingt das Auto stehen lassen.

**76
Alltag wirkt
lebenslänglich**
Warum
werden
Frauen
älter
als Männer?

Die drastische Antwort lautet: Es liegt vor allem am Rauchen und am Saufen! Denn dass Frauen im Durchschnitt etwa sechs Jahre länger leben als Männer, ist kein Zufall. Wenn Männer genauso spartanisch leben würden wie viele Frauen, dann könnten sie es fast genauso lange schaffen. Das jedenfalls haben Wissenschaftler in Rostock festgestellt, die sich den Lebensstil von Frauen und Männern angesehen hatten. Demnach kann man uns alle in vier große »Lebensstilgruppen« einteilen.

Da gibt es zunächst die »Interventionisten«. Das sind Leute, die weder rauchen noch Alkohol trinken, sich gesund ernähren, kein Übergewicht und einen eher stressfreien Beruf haben. Dann gibt es die »Nihilisten«, die kaum Gesundheitsbewusstsein besitzen, übergewichtig sind und keinen Sport treiben – während es sich bei der Gruppe der »aktiven Bonvivants« um eine genussfreudige Spezies handelt, die zwar Alkohol trinkt und eher Übergewicht hat, aber trotzdem stärker auf ihre Gesundheit achtet. Und schließlich haben die Forscher noch »ehemalige Workaholics« identifiziert, die lange vor der Rente einen stressigen Beruf ausgeübt hatten, aber keinen Alkohol konsumieren.

Wenn man sich anschaut, wie sich Frauen und Männer auf diese Gruppen verteilen, dann gehören zu den »gesundheitsorientierten Interventionisten« 60 Prozent der Frauen, aber nur gut 10 Prozent der Männer. Und Menschen dieser Gruppe leben deutlich länger.

Sonstige biologische oder genetische Effekte – etwa die Produktion weiblicher Geschlechtshormone, die bei Frauen offenbar das Herzinfarktrisiko senken – spielen eine geringere Rolle als die Lebensweise. Etwa 50 Prozent des Unterschieds in der Lebenserwartung gehen übrigens allein auf das – bei Männern häufigere – Rauchen zurück!

77 Böse Schlangen

Warum stellt man sich an der Kinokasse immer an der falschen Reihe an?

Die Warteschlangenforschung hat sich natürlich bereits mit allen möglichen Varianten solcher Fragen beschäftigt. Dazu gehören Schlangen vor der Kasse ebenso wie die unterschiedlich langen Schlangen vor Toiletten. Bei denen kann man beispielsweise ausrechnen, wie viel mehr Plätze für Frauen notwendig sind, damit die Schlangen vor der Damentoilette und der Herrentoilette im Durchschnitt gleich lang sind. Das ist hier allerdings etwas zu kompliziert und zudem nicht das Thema unserer Frage.

Glücklicherweise liegt die Sache bei den Schlangen an der Kasse etwas einfacher. Zwar gilt auch hier die generelle Warteschlangenregel, dass schon kleine Änderungen die Schlange erheblich verlängern können. Das Gefühl, dass es in der eigenen Schlange meistens langsamer geht als in einer der anderen, ist aber leicht erklärt – ein britischer Mathematiker soll das einmal »Murphys Gesetz für Warteschlangen« genannt haben.

Im statistischen Durchschnitt jedenfalls ist die Wahrscheinlichkeit, das Rennen zu gewinnen, in jeder Schlange gleich groß. Bei drei Schlangen heißt das aber schon, dass man selbst nur jedes dritte Mal gewinnt. Mit anderen Worten: Die Wahrscheinlichkeit zu verlieren ist doppelt so groß wie die Wahrscheinlichkeit, in der Siegerschlange zu stehen. Bei vier Schlangen gewinnt man im Durchschnitt sogar nur jedes vierte Mal, bei fünf Schlangen nur jedes fünfte Mal usw. Die wenigen Male, in denen es in der eigenen Schlange dann doch mal am schnellsten geht, nimmt man dagegen kaum noch wahr – man kann ja eigentlich fast nur verlieren, wie es Murphys Gesetz vorhersagt.

Wer nun nicht ständig das Gefühl des Verlierens haben möchte, bevorzugt daher womöglich die Sammelschlangen am Flughafen oder am Bahnhof, die sich dann erst unmittelbar vor den Schaltern aufteilen. Die sollen tatsächlich Zeit sparen – auch das haben Mathematiker ausgerechnet. Aber stimmt die Theorie auch in der Praxis? Da die Leute in dieser Schlange oft ziemlich lange brauchen, um zu bemerken, dass sie an der Reihe sind (und wo sie eigentlich hinmüssen …), verbringt man dort womöglich insgesamt doch wieder mehr Lebenszeit als bei der konventionellen Schlangenmethode. Und psychologisch betrachtet vermitteln diese Sammelschlangen zwar vielleicht ein Gefühl der Art »in dieser Schlange sind alle gleich«, aber die Gesamtlänge einer Sammelschlange ist dann doch manchmal recht beängstigend.

Der (unbewiesene) Tipp
Im Zweifelsfalle nicht bei männlichen Kassierern anstellen! Die persönliche Lebenserfahrung von Professor Holger lehrt: Männliche Kassierer sind fast immer langsamer. Der statistische Beweis steht jedoch zugegebenermaßen noch aus.

78 007

Worin liegt der Unterschied, ob man Getränke wie Wodka-Martini schüttelt oder rührt?

Bleiben wir zunächst beim legendären James-Bond-Getränk Wodka-Martini. Den haben kanadische Wissenschaftler schon vor rund zehn Jahren unter die Lupe genommen – und erstaunlicherweise festgestellt, dass ein geschüttelter Wodka-Martini (theoretisch!) gesünder sein könnte als ein gerührter. Denn zumindest im Laborversuch konnte das geschüttelte Getränk aggressive Moleküle, wie sie etwa durch Sauerstoff aus der Luft entstehen, doppelt so gut neutralisieren wie die gerührte Variante. Und diese Moleküle, sogenannte freie Radikale, spielen bei zahlreichen Erkrankungen eine Rolle.

Woran dieser Unterschied chemisch genau lag, konnten sich die Wissenschaftler allerdings auch nicht erklären. Und was im Labor funktioniert, muss noch lange nicht als Mittel im Körper wirken. Zudem hat ein Dortmunder Physiker, Autor eines Buches über die Physik bei James Bond, einen weiteren Einwand: Bond ist nicht gerade ein Gesundheitsapostel, der Drinks nach gesundheitlichen Aspekten auswählt. Der Physiker favorisiert eine andere Erklärung, die womöglich besser zum Genussmenschen 007 passt.

Demnach ist Wodka-Martini eine Flüssigkeit aus relativ großen und relativ kleinen Molekülen (wie zum Beispiel Wasser). Für das Aroma sind vorwiegend größere Moleküle zuständig. Und wenn man diese vergleichsweise großen Aromastoffe schüttelt, haben diese die Tendenz, nach oben zu wandern. Den Effekt dahinter kann man schon beim Frühstück mit seinem Müsli ausprobieren: Auch da wandern größere Körner wie Nüsse beim längeren Schütteln mit der Zeit nach oben – sogar dann, wenn sie schwerer sind. Denn wenn die kleineren Körner (oder eben Moleküle) einmal nach unten gerutscht sind, werden sie dort viel enger und dichter eingeklemmt von allen anderen Körnern, als dies bei ihren größeren Pendants geschieht. Die Folge dieses »Paranuss-Effekts«: Die Kleineren kommen nicht mehr nach oben.

Für den geschüttelten Martini könnte das im Prinzip bedeuten, dass die besonders aromatischen, größeren Moleküle eine größere Chance hätten, oben im Glas zu landen – was gerade Menschen wie James Bond zugutekäme, die selten Zeit finden, ihr Glas auszutrinken. Allerdings dürfte der Effekt nicht bei allen Getränken gleich sein. Gerade wenn sich die Zutaten sehr ähneln und sich alle Bestandteile gut ineinander auflösen, kann man für den Hausgebrauch mit Schütteln oder Rühren ungefähr das gleiche Ergebnis erwarten.

79 Müder Fightclub
Wie lange hält man es ohne Schlaf aus?

Obwohl es sich für die meisten Menschen anders (nämlich ziemlich müde!) anfühlt: In den ersten zwei bis drei Tagen eines kompletten Schlafentzugs ist zumindest die – objektiv messbare – körperliche Leistungsfähigkeit kaum beeinträchtigt. Erst nach drei Tagen kommt es dann zum Beispiel häufiger zu Halluzinationen und ähnlichen Symptomen.

Vieles, was man über die Folgen des Schlafentzugs weiß, stammt erstaunlicherweise nicht von Untersuchungen an Partygängern, sondern an Sportlern und Soldaten – die entweder an Dauerwettkämpfen oder an tage- und nächtelangen Militärmanövern teilnahmen. Demnach können Menschen sogar deutlich länger als eine Woche ganz ohne Schlaf auskommen. Der Rekord soll bei mehr als 260 Stunden, also etwa elf Tagen, liegen. Umgekehrt weiß man aus Tierversuchen, dass 15 Tage ohne Schlaf bei einigen Arten generell tödlich sind, andere Tiere schaffen es aber deutlich länger.

Das heißt natürlich nicht, dass zu wenig Schlaf gesund ist. Massiver Schlafmangel erhöht das Risiko für Krankheiten. Vor allem das Immunsystem scheint schon bald auf den Entzug zu reagieren, sodass man anfälliger für bestimmte Infektionen werden kann. Und bekanntlich kann zu wenig Schlaf auch viel schneller tödliche Folgen haben, als die Beobachtungen an Sportlern und Soldaten vermuten lassen: zum Beispiel dann, wenn sich der Körper den fehlenden Schlaf hinterm Lenkrad zurückholt.

Der praktische Tipp

Wenn man längere Zeit nicht richtig zum Schlafen kommt, kann ein kurzes Nickerchen von fünf Minuten zumindest etwas Erholung bringen. Auf keinen Fall aber sollte dieser Kurzschlaf (neudeutsch auch »power napping« genannt) mehr als 20 Minuten dauern. Denn danach hat sich der Körper in der Regel bereits so sehr auf einen längeren Schlaf eingestellt, dass man kaum mehr richtig wach wird.

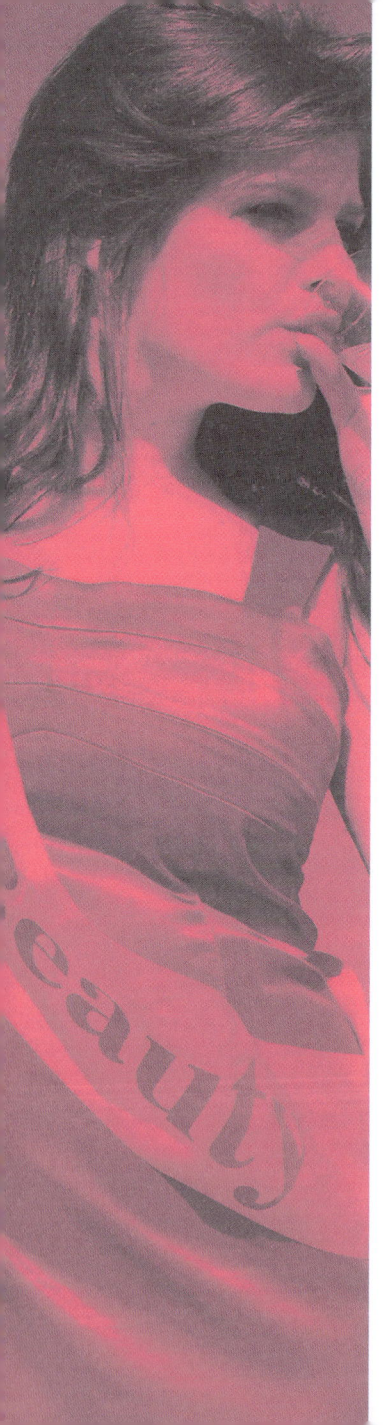

**80
Hangover**
Wieso führt
zu viel
Alkohol
zum
»Filmriss«?

Schon der erste Drink auf einer Party beeinträchtigt das Erinnerungsvermögen; Wissenschaftler haben sich dafür den anschaulichen Namen »Cocktail-Party-Defizit« ausgedacht: Man erinnert sich nicht mehr daran, was jemand gesagt hat, oder kann sich nur schwer neue Gesichter merken. Für einen echten »Filmriss« oder »Blackout« sind jedoch höhere Alkoholpegel nötig, etwa Werte von 1,4 Promille und mehr. Vor allem aber scheint sich die Gefahr des Blackouts zu erhöhen, wenn der Blutalkoholspiegel besonders schnell ansteigt. Daher führt schnelles Trinken von Hochprozentigem leichter zum Filmriss. Und Frauen sind im Durchschnitt eher gefährdet als Männer.

Wie aber ist es nun möglich, dass die Betroffenen im sturzbetrunkenen Zustand zunächst noch fast alles wahrzunehmen scheinen, Gespräche führen, flirten und so weiter? Am besten kann man das Phänomen mit einem Computer vergleichen: Der Rechner funktioniert, alles Mögliche landet im Arbeitsspeicher, aber wenn es am Schluss nicht auf der Festplatte gesichert wird, geht auf Dauer alles verloren. So ähnlich ist es beim Filmriss: Die Arbeit von Nervenzellen in zentralen Hirnregionen (zum Beispiel im sogenannten Hippocampus) wird durch den Alkohol so gestört, dass die Informationen vom Kurzzeitgedächtnis nicht mehr in die ersten Stufen des Langzeitgedächtnisses übertragen werden können. Andere Nervenzellen und Hirnregionen reagieren offensichtlich nicht ganz so empfindlich auf Alkohol; der Arbeitsspeicher funktioniert also erst einmal weiter – mehr oder weniger jedenfalls.

Generell haben Wissenschaftler neben dem kompletten Filmriss einen nur partiellen Blackout beobachtet. Die Gedächtnislücken werden in diesem Fall immer wieder von »Erinnerungsinseln« unterbrochen, oder den Betroffenen ist gar nicht klar, dass sie zeitweise überhaupt einen

Blackout hatten. Und manchmal erinnern sich diese Menschen an einige Dinge, wenn man sie ihnen ins Bewusstsein ruft. Eine mögliche Erklärung dafür ist, dass die Informationsverarbeitung im Gehirn ins Stottern gerät und eben nur einige Aussetzer hatte, während sie zwischendurch wieder funktionierte.

Keine Frage also, den Filmriss gibt es und er ist sogar ganz gut wissenschaftlich untersucht. Allerdings scheint er mitunter auch eine beliebte Ausrede zu sein, wenn jemand in betrunkenem Zustand etwas angestellt hat und sich später vor der Verantwortung drücken will. Vielleicht ist der Blackout daher zumindest nicht ganz so häufig, wie gerne behauptet wird.

81 Fehler in der Matrix
Wie entsteht ein Déjà-vu?

Die Sache mag noch so gespenstisch sein, aber eines ist beruhigend: Das Gefühl, etwas schon einmal gesehen oder erlebt zu haben, entsteht nur im eigenen Kopf. Allerdings gibt es viele unterschiedliche Erklärungen dafür, wie das Gehirn so ein Erlebnis konstruiert. Nicht umsonst ist das Déjà-vu ein beliebtes Filmmotiv – in der »Matrix«-Trilogie spielt es sogar eine zentrale Rolle.

Einer gängigen Erklärung nach hat man das Bekannte womöglich tatsächlich vorher schon einmal wahrgenommen, ohne dass es einem bewusst wurde. Beispiel: Man kommt auf eine Party, registriert die Gesichter ganz vieler Menschen und trifft später an der Bar einen dieser Menschen wieder. Und plötzlich kommt einem das Gesicht bekannt vor – was ja sogar stimmt: Denn man hat das Gesicht beim Hereinkommen ja schon gesehen und das Gehirn hat diese Information nebenbei abgespeichert, allerdings ohne dass es einem zunächst bewusst war.

Noch spannender wird es aber, wenn man das Déjà-vu-Ereignis ganz sicher vorher noch nicht erlebt haben kann, auch nicht nebenbei. Dazu muss man sich dann klarmachen, dass an unterschiedlichen Stellen im Gehirn unterschiedliche Prozesse ablaufen, die das Gehirn immer erst zu einem Gesamteindruck zusammensetzt. So registriert das Gehirn an einer Stelle, was Augen oder Ohren gerade wahrnehmen, an einer anderen Stelle vergleicht es die Wahrnehmung mit bereits Bekanntem – und an einer dritten Stelle erzeugt es bei Bekanntem das Gefühl der Vertrautheit. Nun kann es passieren, dass diese Verschaltung und Synchronisation der verschiedenen Gehirnteile nicht richtig funktioniert. Oder dass das Zentrum, das uns »Vertrautheit« fühlen lässt, eine Art Fehlzündung hat. Dann entsteht das vertraute, aber seltsame Gefühl dort quasi aus dem Nichts heraus, und wir ordnen es lediglich dem zu, was wir gerade sehen und hören.

Zwar gibt es noch eine Reihe von anderen Erklärungen – ebenso wie viele verschiedene Formen des Déjà-vus beschrieben wurden (ein amerikanischer Neurologe kam auf 27 Varianten). Und manchmal steht mehr das Gesehene im Vordergrund, mal das Gehörte, mal das Gefühlte oder sogar Geträumte.

Besorgte Betroffene können sich jedenfalls damit beruhigen, dass mindestens zwei von drei Menschen das Gefühl gut kennen. Und in der Regel ist der Spuk nach wenigen Sekunden wieder vorbei. Nur in seltenen Extremfällen gibt es Betroffene, die einem täglichen Dauer-Déjà-vu ausgesetzt sind. Hier gilt dann tatsächlich ein anderes Filmmotiv, jenseits der Matrix: »Und täglich grüßt das Murmeltier« …

82 Leo und
Die dunkle Seite der Nacht
Wieso vergisst man morgens den Traum, den man geträumt hat?

Leonardo DiCaprio wandelt im Film »Inception« durch die Träume anderer, um ihnen Geheimnisse aus den Tiefen ihres Unterbewusstseins zu stehlen und mit neuen Gedanken den menschlichen Verstand seiner Opfer zu manipulieren. Das ist zwar nur Science-Fiction, aber die Filmidee hat zumindest ein bisschen mit der Wirklichkeit zu tun.

Schlaf ist nicht nur Erholung, sondern auch harte Arbeit: Das Gehirn sortiert im Schlaf die Informationen und Eindrücke des Tages neu und verarbeitet sie. In dieser Phase ist das Gedächtnis so sehr mit dem ordentlichen Speichern von bereits vorhandenen Informationen beschäftigt, dass es für neue Eindrücke quasi gesperrt ist. Wissenschaftler sprechen daher tatsächlich von »Traumarbeit«. Was einem im Traum womöglich noch so durch den Kopf geht, wird daher nirgendwo richtig gespeichert.

Manchmal erinnert man sich nach dem Aufwachen aber doch an ein paar Dinge, die man geträumt hat. Dazu muss man möglichst direkt aus dem Traum heraus wach werden. In diesem Fall kann man das, was einem gerade noch so im Kopf herumspukt, im Langzeitgedächtnis abspeichern – bevor es im Laufe des Tages verblasst. Das Traum-Erinnern lässt sich sogar bewusst fördern: Dazu muss man den friedlich schlafenden Träumer am besten mitten in einer Traumphase aufwecken und das erzählen lassen, was er oder sie gerade noch so im Kopf hat. Indem der Träumende das erzählt, macht er es sich erst richtig bewusst – und kann sich auch langfristig daran erinnern. (Genau genommen erinnert er sich dabei übrigens an das, was er über seinen Traum erzählt hat.)

Das alles aber funktioniert nur, wenn man direkt aus dem laufenden Traum geweckt wird. Verbringen wir nach einem langen Traum, der durchaus eine Stunde dauern kann, auch nur eine Minute in einem anderen Schlafstadium und werden erst dann geweckt, ist der Trauminhalt meist schon verloren.

Träume sind also eine sehr flüchtige Angelegenheit – was womöglich ganz gut ist. Denn einige Schlafforscher schätzen, dass 80 Prozent aller Träume negativ belegt sind. Vieles von dieser »dunklen Seite der Nacht« wollen wir also vielleicht lieber gar nicht wissen.

6

ZUM WETTER:

schlimmer als eine Daily Soap

Hand aufs Herz: Wer redet nicht mindestens einmal am Tag über das Wetter? Es ist das perfekte Small-Talk-Thema überhaupt – und jeder denkt, er könne dazu etwas sagen, schließlich hat ja jeder täglich damit zu tun.

Früher war es im Sommer immer schöner und im Winter kälter. Wenn es zu kalt ist, wünschen sich alle die Sonne, ist sie endlich da, stöhnen alle wegen der Hitze. Gibt es das perfekte Wetter? Nie für alle! Manche fordern nun sogar Biowetter. Und das alles macht es so aufregend. Ob gewollt oder nicht. Wir schließen dieses Buch wie eine ordentliche Tagesschau: zum Schluss das Wetter!

83 Schmetterlingseffekt im Chaos

Warum ist es so schwer, das Wetter vorherzusagen?

Obwohl die gefühlte Zufriedenheit mit dem Wetterbericht anderes vermuten lässt: Meteorologen versichern glaubhaft, dass eine Fünf-Tages-Vorhersage heute so zuverlässig ist wie vor 40 Jahren der Wetterbericht für den nächsten Tag. Vorhersagen für die nächsten drei Tage sind demnach inzwischen in neun von zehn Fällen korrekt. Womöglich merken wir uns also einfach nachhaltiger, wenn es schiefging und wir unerwartet im Regen standen.

Trotzdem handelt es sich bei Wettervorhersagen immer nur um Prognosen auf der Basis von mathematischen Modellen. Hochleistungscomputer werden dazu mit Daten wie Luftdruck und Temperaturen in verschiedenen Höhen gefüttert, hinzu kommen Windgeschwindigkeiten, Wasserdampfgehalt sowie Messungen von Wasser und Eis in den Wolken. Geliefert werden diese Daten von mehr als einem Dutzend Wettersatelliten, weit über 10 000 Bodenstationen, ein paar Tausend Schiffen und Wetterbojen, Wetterballons sowie von Verkehrsflugzeugen.

Dass die Vorhersage trotzdem schiefgehen kann, liegt zum einen daran, dass selbst dieses weltweite Netz aus Messdaten immer noch recht grob und – an vielen Stellen, etwa in Afrika – sehr löchrig ist: Ein paar Zehntausend Messpunkte sind schließlich nicht viel, um die ganze Welt zu beschreiben!

Vor allem aber kommt bei Wettervorhersagen etwas ins Spiel, was manche als Chaostheorie oder »Schmetterlingseffekt« kennen: Schon kleine lokale oder regionale Veränderungen können das Wettersystem zum Kippen bringen und in eine völlig neue Richtung lenken. Das hat der unlängst verstorbene Meteorologe Edward Lorenz schon in den 1960er-Jahren entdeckt. Kleine Ursachen, eben der von Lorenz geprägte sprichwörtliche Flügelschlag eines Schmetterlings, haben also mitunter große, unerwartete Wirkungen.

84 Wolkige Wochenenden
Ist das Wetter samstags und sonntags wirklich schlechter als unter der Woche?

Zunächst muss man sich natürlich anschauen, ob der Eindruck überhaupt stimmt – oder ob einem das Wochenende durch den Partyschleier am Morgen vielleicht nur häufig besonders trüb vorkommt. Das haben US-Wissenschaftler schon vor gut zehn Jahren getan. Und tatsächlich: Zumindest an der amerikanischen Ostküste war das Wetter montags, dienstags und mittwochs zwar nicht immer, aber doch im Durchschnitt besser; zum Wochenende hin regnete es dagegen häufiger.

Ein paar Jahre später wollten das deutsche Forscher aus Karlsruhe ebenfalls genauer wissen. Sie untersuchten die Wetterdaten aus 15 Jahren von einem Dutzend Stationen des Deutschen Wetterdienstes. Demnach scheint die Sonne im Mittel am Wochenanfang 15 Minuten länger als an einem durchschnittlichen Samstag; umgekehrt fiel zum Wochenende hin 15 Prozent mehr Niederschlag als am Wochenanfang.

Ebenso wie ihre amerikanischen Kollegen hatten die Karlsruher Forscher auch eine theoretische Erklärung für das im Mittel schlechtere Wetter am Wochenende: An Werktagen ist die Luftverschmutzung durch Verkehr und Industrie höher, sodass unter anderem mehr Staubpartikel in die Atmosphäre gelangen. Diese Partikel sind aber die Keime für Wolken, die sich dann bis zum Wochenende verstärkt bilden. Am Wochenende selbst regnet es dann nicht nur mehr, sondern auch die Luftverschmutzung geht zurück. Die Luft ist also am Montag wieder sauberer, und es bilden sich im Durchschnitt weniger Wolken.

Das klang eigentlich alles ganz plausibel, wären da nicht im Jahr 2008 Wissenschaftler aus der Schweiz gekommen. Die nämlich haben die Daten der Karlsruher Forscher nochmals analysiert. Dabei kamen sie zu dem Schluss, dass der festgestellte Wochenrhythmus beim Wetter auch ein Zufallsfund gewesen sein könnte. Schließlich hätten die Karlsruher ja nur 15 Jahre ausgewertet, sodass die langfristige Statistik immer noch anders ausfallen könnte. Und ohnehin sei in der Schweiz alles ganz anders; in Lugano etwa sei der Samstag im Durchschnitt der sonnigste Tag gewesen.

Was bleibt nun vom wissenschaftlichen Wochenendwetter-Streit? Es spricht zumindest einiges für die These vom Regenwochenende – womöglich ist das jedoch nicht überall der Fall. (So könnte man zum Beispiel fragen, ob die Luft in der Schweiz im Durchschnitt sauberer ist, sodass der Effekt dort nicht ausreicht.) Aber vielleicht kommt uns das Wetter am Samstag und Sonntag manchmal auch deshalb besonders schlimm vor, weil wir uns an ein verregnetes Wochenende stärker erinnern als an einen Regentag bei der Arbeit, in der Uni oder in der Schule.

**85
Feucht,
feuchter,
Wasser**
Wieso ist
Wasser
nass?

Die überraschende Antwort lautet: Wasser ist nicht nur nass, sondern sogar mal mehr und mal weniger nass. Jedenfalls wird das von manchen Chemikern ernsthaft behauptet. Der Grund dafür hat mit den einmaligen Eigenschaften von Wasser zu tun, die sich von denen aller anderen Flüssigkeiten unterscheiden.

Genau genommen dürfte Wasser bei Zimmertemperatur nämlich nicht einmal mehr flüssig (und somit auch nicht nass) sein, denn andere Moleküle mit ähnlicher Größe sind bei 20 Grad Celsius längst verdampft. Dass Wasser trotzdem flüssig bleibt, liegt an der besonderen Fähigkeit der Wassermoleküle, sich untereinander zu vernetzen – durch sogenannte Wasserstoffbrückenbindungen.

Und diese Fähigkeit, sich untereinander zu ver-netzen und die Haut zu be-netzen, macht das besondere Gefühl aus, das Wasser auf der Haut verursacht. Wegen dieser Netz-Eigenschaften perlt das Wasser auch besonders gut ab. Wenn man sich Olivenöl über die Finger kippt, fühlt sich das irgendwie anders an, zwar ebenfalls irgendwie nass, aber man würde wohl vor allem von ölig oder schmierig sprechen. Denn das Öl legt sich wie ein Film komplett über die Haut.

Wieso aber soll Wasser sogar unterschiedlich nass sein können? Das liegt zum Beispiel an Seifen. Seifen verändern die Fähigkeit der Wassermoleküle, sich untereinander zu vernetzen – sie haften nicht mehr so gut untereinander und legen sich dafür fester auf die Haut oder Kleidung. Man kann daher behaupten, Haut oder Kleidung werden mit Seifenwasser nasser, nehmen mithilfe der Seife also mehr Wasser auf und werden nicht nur oberflächlich benetzt.

Am Schluss ist es natürlich eine Definitionssache: Das Gefühl, das insbesondere Wasser beim Anfassen oder Eintauchen verursacht, nennen wir nass. So gesehen ist Wasser also gar nicht nass, sondern es fühlt sich eben nass an. Ganz Spitzfindige würden womöglich sogar behaupten, das Wasser selbst sei somit gar nicht nass, sondern das Wasser mache nur andere Dinge nass. Interessanterweise haben die Wörter »nass« und »netzen« (oder auch benetzen) offenbar einen gemeinsamen Ursprung. Man könnte also sogar ein wenig spekulieren, ob die Erfinder des Wortes nass wohl schon die Benetzungsfähigkeit des Wassers im Blick hatten.

86 Regenrennen

Wird man weniger nass, wenn man im Regen rennt?

Wer den trockensten Weg durch den nächsten Schauer finden will, muss sich zunächst klarmachen, wie man im Regen eigentlich genau nass wird. Natürlich fällt erst einmal ein großer Teil der Regentropfen von oben auf den Kopf und die Schultern – und je länger man sich im Regen aufhält, desto nasser wird man natürlich aus dieser Richtung. Fiele das Wasser nur von oben, wäre also in jedem Fall rennen angesagt.

Wenn man sich bewegt, sammelt man aber auch Regentropfen von der Seite ein: Man rennt sozusagen in alle Regentropfen hinein, die sich auf der Strecke gerade vor dem Körper befinden. Die Frage ist nun, ob man beim Rennen mehr Regentropfen von der Seite einsammelt als beim normalen Gehen. Und wie stark die verkürzte Zeit beim Rennen im Regen umgekehrt die Menge der Tropfen von oben auf Kopf und Schultern verringert.

Ein britischer Meteorologe hat das in den 90er-Jahren einmal versucht auszurechnen. Er kam mit seinen Studenten zunächst zu dem Schluss, dass es sich kaum lohnen würde, schneller als mit drei Metern pro Sekunde vor dem Regen zu flüchten. Das aber wäre nichts anderes als schnelles Gehen.

Zwei Meteorologen aus North Carolina wollten das aber nicht so recht glauben, rechneten noch einmal nach – und stießen auf deutlichere Vorteile für die Regenrenner. Auf einer Distanz von 100 Metern würde der Geher nach ihrer Rechnung bei starkem Regen mehr als 20 Prozent »nasser« als der Renner. Die Zahl der Regentropfen, die man von der Seite einsammelt, sei dabei unabhängig von der Geschwindigkeit. Offenbar hat man beim Rennen demnach nur das Gefühl, nasser zu werden – vielleicht weil die Tropfen einem schneller um die Ohren fliegen.

So ganz sicher waren sich die beiden Meteorologen aber wohl doch nicht. Jedenfalls setzten sie auf ihre Berechnungen noch ein Experiment obendrauf: Sie wogen ihre Kleider, zogen sich Plastiktüten drunter (damit kein Wasser durchsickert oder das Ergebnis nicht durch Körperschweiß verfälscht wird) und warteten auf einen ordentlichen Regen. Darin legte dann einer 100 Meter gehend zurück, der andere rannte. Danach wogen sie erneut ihre Kleider. Das Ergebnis: Der Geher hatte 220 Gramm Regenwasser eingesammelt, der Renner dagegen nur 130 Gramm. Seitdem scheint festzustehen: Rennen im Regen lohnt sich also doch!

87 Regenduft
Warum kann man im Sommer den Regen riechen und im Winter nicht?

Pures Wasser riecht nach nichts. Für einen – sauberen – Regentropfen sollte das nicht anders sein. Beim genauen Hinsehen (oder Hinriechen) stellt man daher fest: Das ganze Geruchsfeuerwerk eines warmen Sommerregens beginnt erst dann, wenn Regentropfen auf Erdboden und Pflanzen treffen.

Dabei wird der Boden aufgewirbelt, und das Wasser kurbelt dort biochemische Reaktionen an, die in trockener Erde viel langsamer oder gar nicht ablaufen. Was man dann riecht, sind unter anderem – man mag es kaum so nennen – die Abfallprodukte und Sporen von Bodenbakterien. Hinzu kommen ätherische Öle, die aus den Blättern von Pflanzen ausdünsten.

Dass man diese Duftstoffe nach einem Regen so viel besser riecht, liegt aber nicht nur daran, dass von diesen Stoffen bei Feuchtigkeit mehr produziert wird. Gleichzeitig werden solche Geruchssubstanzen auch viel leichter in die Luft mitgerissen, wenn das Regenwasser auf dem warmen Boden wieder verdunstet. Der Wasserdampf aus dem Regen ist der Transporter für diese Gerüche, auch wenn der Dampf selber eigentlich nicht riecht. Chemiker nennen dieses Transportprinzip auch »Wasserdampfdestillation« – und nutzen das gleiche System in ihren Labors.

Damit ist fast schon beantwortet, warum Regen im Winter geruchstechnisch eher ein Flop ist: Zum einen laufen die zahlreichen biochemischen Reaktionen in Boden und Pflanzen nicht ab, weil sich Bodenbakterien ebenso wie ähnliches Getier im Winterschlaf befinden. Und Blätter sind sowieso keine da. Doch selbst wenn die Duftstoffe in der Natur produziert würden, kämen sie kaum an unserer Nase an: Die Kälte verhindert nicht nur, dass solche Duftstoffe von sich aus merklich verdampfen, sondern sie legt auch den Wasserdampftransporter lahm. Das Regenwasser gefriert eher, als dass es – wie im Sommer – als wohlriechender Dampf vom Boden zu unserer Nase aufsteigt.

88 Blattverlust

Warum fallen im Herbst die Blätter von den Laubbäumen, die Nadeln der Nadelbäume aber nicht?

Laubbäume müssen einigen Aufwand betreiben, um sich auf den Winter vorzubereiten. Und Blätter können sie bei eisigen Temperaturen wirklich nicht gebrauchen. Zwar sind die Blätter einerseits enorm wichtig für die Fotosynthese, also letztlich für das Wachstum des Baumes. Andererseits aber gehen sie nicht gerade sparsam mit Wasser um. So ähnlich wie der Mensch beim Schwitzen über die Haut Wasser verliert, verliert der Baum viel Wasser über seine Blätter. Das ist so lange kein Problem, wie über die Wurzeln genug Wasser aus dem Boden nachgeliefert wird.

Da der Boden im Winter aber bekanntlich ziemlich hart gefroren sein kann, gibt es über viele Wochen hinweg kaum Wassernachschub. Würde der Baum weiterhin über seine Blätter munter Wasser »ausschwitzen«, würde er binnen kürzester Zeit vertrocknen. Oder aber es wird im Winter womöglich so kalt, dass das Wasser schon im Baum gefriert und die Zellen regelrecht platzen (so ähnlich wie eine Flasche Bier, die man im Gefrierschrank vergessen hat). Die radikale Gegenstrategie der meisten Laubbäume lautet daher: Alle Blätter abwerfen!

Bei den Nadelbäumen ist das nicht so. Die Nadeln sind anders aufgebaut und verlieren deutlich weniger Wasser als Blätter. Außerdem besitzen Nadelbäume einen besseren Gefrierschutz: Ihre baumeigenen Frostschutzmittel verhindern viel wirksamer, dass noch vorhandenes Wasser gefrieren kann. Sie können ihre Nadeln also in der Regel behalten und wenn es im Winter zwischendurch warm ist, können sie auch aktiv werden, also Fotosynthese betreiben und weiterwachsen.

Hier Laubbäume, dort Nadelbäume – ganz so einfach ist das Verwandtschaftsverhältnis in der Welt der Bäume dann allerdings doch nicht. So stellte ein Bochumer Forscher erst vor Kurzem fest, dass die meisten der heutigen Nadelbäume wahrscheinlich von Laubbaum-Vorfahren abstammen, die in den Wintern vor Millionen von Jahren ohne Blätter dastanden. Und bei genauem Hinsehen kann der Baumfreund auch heute noch beobachten: Zumindest einige Nadelbäume wie Kiefern werfen im Herbst massenhaft Nadeln ab. Fachleute nennen das – trotz der Nadeln – sogar einen »geordneten saisonalen Laubwechsel«. Kahl wird eine Kiefer dabei jedoch nicht: Denn bei dem Wechsel fallen nur die ältesten Nadeln ab, während die jüngeren – wie man das von einem ordentlichen Nadelgewächs dann doch erwartet – auch den Winter über am Baum bleiben.

89 Schräge Kälte
Warum ist es im Winter so kalt?

Um gleich den größten Irrtum auszuräumen: Anders als Straßenumfragen zum Thema vielleicht vermuten lassen, ist es im Winter nicht etwa deshalb so kalt, weil die Erde von der Sonne in dieser Jahreszeit am weitesten entfernt wäre. Im Gegenteil: Die Erde ist der Sonne im Winter viel näher als im Sommer! Entscheidend ist dagegen der Winkel, in dem die Erde zur Sonne steht. Und der ist im Winter schräger als im Sommer.

Je schräger aber die Sonnenstrahlen auf die Erde fallen, desto weniger Strahlen kommen auf derselben Fläche an. Das kann man sich beispielsweise mit einem Liegestuhl klarmachen, in dem man sich an einem schönen Abend sonnt: Legt man sich dabei flach auf den Boden, scheinen von der schräg stehenden Abendsonne kaum noch Sonnenstrahlen ins Gesicht, und es wird schnell kühl. Wenn man den Stuhl aber ebenfalls schräg stellt, sodass man möglichst wieder senkrecht in die Sonne schaut, wird es zur gleichen Tageszeit noch schön warm.

Da auch die Erdachse schräg steht, ändert sich beim Kreisen der Erde um die Sonne ebenfalls im Laufe des Jahres der Winkel, unter dem die Sonnenstrahlen auftreffen. Dadurch steht er mal auf der Nordhalbkugel günstiger (also stärker in der Senkrechten) und mal auf der Südhalbkugel. Während auf der Südhalbkugel Sommer ist, ist man der Sonne im Norden sozusagen eher abgeneigt. Hinzu kommt, dass der wechselnde Winkel die Tage im Winter kürzer macht als im Sommer — und somit auch die Zeit, die die Sonne hat, um ordentlich einzuheizen.

Wer nun übrigens hofft, der Klimawandel würde uns in Europa demnächst wärmere Winter bescheren, könnte eine böse Überraschung erleben: Denn neben der Sonneneinstrahlung bestimmen auch die weltweiten Luft- und Ozeanströme unser lokales Klima – etwa die Ausläufer des Golfstroms, eine gigantische Warmwasserheizung für Europa. Wird es nun auf der Erde insgesamt wärmer, könnte es sein, dass diese Wärmepumpe nicht mehr so effektiv arbeitet, da sie nur bei bestimmten Temperaturen gut funktioniert. Mögliche Folge: In Europa könnte es womöglich sogar kälter werden.

90 Heizen durch Zittern

Ab wann friert man eigentlich?

Eigentlich ist es ein Wunder, dass wir nicht ständig frieren. Denn im Körperinneren benötigt der Mensch ziemlich genau zwischen rund 36,5 und 37,5 Grad Celsius zum Leben. Sinkt die Temperatur nur ein Grad unter diesen Bereich, wird es für den Körper schon ungemütlich. Für das Leben im Winter bedeutet das: Wer sich bei leichtem Frost eine halbe Stunde im T-Shirt auf eine Bank setzt, droht bereits zu erfrieren.

Aber der Körper wehrt sich natürlich auch gegen die Kälte. Das Körperinnere ist von mehreren, flexiblen Isolationsschichten umgeben, ganz außen etwa vom Fettgewebe unter der Haut. Und der Körper kann auch die eigene Heizung hochdrehen, indem er den Stoffwechsel ankurbelt, also mehr Nährstoffe verbrennt. Wie bei einer Zentralheizung transportiert das Blut dann mehr Wärme durch das Körperinnere – während der Körper außen Blut abzieht. Im Extremfall opfert der Körper auf diese Weise einen Zeh oder einen Finger, der wegen der abgesenkten Durchblutung erfriert. Hauptsache, die lebenswichtigen Organe im Inneren bleiben einigermaßen warm!

Temperaturen zwischen plus 27 und 31 Grad in der Umgebung kann ein nackter Mensch allein durch das Hochoder Runterfahren der Durchblutung in der Haut aber noch gut ausgleichen. Knapp unter 27 Grad Umgebungstemperatur fangen manche Menschen bereits an zu frieren, jedenfalls dann, wenn sie sich nicht bewegen. Der Körper sorgt in diesem Fall aber selbst für Bewegung: Er lässt die Muskeln zittern. Die Abwärme, die bei dieser Muskelarbeit frei wird, erhöht dann wieder die Körpertemperatur.

Auch Gänsehaut hat übrigens mit Muskeln zu tun: Melden die Temperatursensoren auf der Haut unangenehme Kälte, richten kleine Muskeln unter der Haut die Körperhaare auf. Die vermutete Idee dahinter: Die äußere Schutzschicht zwischen Haut und Haaren soll aufgeplustert und dicker werden. Das bringt beim Menschen – im Vergleich zu Tieren mit Fell oder Federn – allerdings nicht mehr allzu viel.

91 Windige Wetterkarten
Wie unterscheidet sich die gefühlte Temperatur von der normalen Temperatur?

Der Grund für den Unterschied zwischen gefühlter und tatsächlicher Temperatur liegt direkt auf der Haut: Für die natürlichen Temperatursensoren dort spielt es immer auch eine Rolle, wie viel Feuchtigkeit und Wind gerade zu spüren ist. An einem windigen Tag (oder durch Fahrtwind) verdunstet mehr Schweiß von der Haut. Dabei entsteht Verdunstungskälte und man fröstelt schneller.

Ist es an einem anderen Tag schwül, feuchtwarm und windstill, verdunstet auch weniger Feuchtigkeit von der Haut, und man empfindet die Temperatur als höher. Für ein Thermometer sind Wind und Feuchtigkeit dagegen kaum von Bedeutung; schließlich kann ein Thermometer auch nicht schwitzen. Auf der Haut ist hingegen immer ein wenig Feuchtigkeit vorhanden, auch ohne dass man es merkt.

Bei der gefühlten Temperatur vergleichen Meteorologen die tatsächlichen Wetterbedingungen (also inklusive Wind und Luftfeuchte) mit der Temperatur in einer festgelegten Modellumgebung. Und dann berechnet man mit schönen Formeln, bei welcher Temperatur in dieser Modellumgebung man das gleiche Wärme- oder Kältegefühl hätte wie unter den tatsächlichen Bedingungen.

Um die gefühlte Temperatur zu berechnen, hat man beim Deutschen Wetterdienst ein Modell namens »Klima-Michel« eingeführt. Der Klima-Michel ist ein 1 Meter 75 großer Mann, der 75 Kilogramm wiegt, 35 Jahre alt ist und mit einer Geschwindigkeit von 4 km/h bei wenig Wind im Wald spazieren geht.

An diesen vielen Angaben sieht man schon, dass auch die Angabe der gefühlten Temperatur ihre Tücken hat. Denn was bezogen auf diesen Modellmenschen und seine Modellumgebung rechnerisch als angenehm herauskommt, muss noch lange nicht für eine Frau gelten, die vielleicht nur 55 Kilo wiegt und in der prallen Sonne auf einer Parkbank sitzt.

Der praktische Tipp
Insbesondere Menschen mit anderer Statur und anderem Geschlecht als der Klima-Michel sollten im Zweifelsfalle doch lieber morgens den kleinen Zeh aus dem Fenster strecken und die gefühlte Temperatur selbst erfühlen!

92 Wasser aus allen Poren
Warum schwitzt man?

Auch wenn es manchmal störend ist, kann man sich immer damit trösten: Schwitzen ist in jedem Fall angenehmer als ein Hitzschlag! Der Mensch ist in Temperatur-Angelegenheiten auch auf der Skala nach oben ein recht empfindliches Wesen. Steigt die Körpertemperatur längere Zeit über 40 Grad, kann das schnell tödlich enden. Und jeder, der einmal 38 oder 39 Grad Fieber hatte, weiß, wie elend sich das bereits anfühlt.

Umgekehrt produziert der Körper eine Menge Abwärme – und das schon beim faulen Herumliegen, vor allem aber bei harter Arbeit oder beim Sport. Wie ein Automotor braucht er daher gerade bei großer Hitze ein Kühlsystem, um die Körpertemperatur konstant zu halten. Und da ist Schwitzen besonders effektiv. Aus insgesamt rund zwei Millionen Schweißdrüsen kann der Körper Schweiß abgeben – im Extremfall kurzzeitig 2 bis 4 Liter pro Stunde. Dieses Wasser aus allen Poren verdunstet, wobei viel Energie verbraucht wird, die man dann als Verdunstungskälte spürt.

Merke also: Der Schweiß ist dein Freund! Und solang er frisch ist, riecht er nicht einmal unangenehm (siehe Frage 22).

**93
Glitzernde
Unordnung**
Warum ist
Schnee weiß?

Die Frage ist berechtigt – schließlich ist das Eis in einem Cocktail ja auch eher durchsichtig und nicht weiß. Da Schnee wie Eis aber nichts anderes ist als gefrorenes Wasser, muss es einen speziellen Grund für die verschiedenen Eigenschaften geben.

Im Unterschied zu einem Eiswürfel besteht Schnee nicht aus einem einzigen Block, sondern aus zahlreichen kleinen Eiskristallen (auch Flocken genannt …) und einer Menge Luft dazwischen. Diese Kristalle wirken wie ungeordnete Spiegel, die alle Farben des Sonnenlichts in alle Richtungen reflektieren. Dieses Sonnenlicht ist für unser Auge weiß, sodass auch der Schnee weiß wirkt.

Nur wenn das Licht einen Stoff praktisch unverändert passieren kann, wird dieser Stoff für uns durchsichtig. Bei Eiswürfeln ist das der Fall, jedenfalls solange keine Luftbläschen eingeschlossen sind. Und Farben entstehen, indem bestimmte Farbanteile im weißen Sonnenlicht stärker absorbiert oder reflektiert werden als andere. Das tun zwar viele Dinge in der Natur und auch künstliche Farbstoffe in unserer Umgebung, Wasser und Eis aber kaum. Sie reflektieren das sichtbare Licht vielmehr oder lassen es passieren.

Das alles hat übrigens sogar Folgen für das Klima: Je mehr Schnee und Eis von Gletschern und anderen Flächen wegschmelzen, desto mehr dürfte sich der Klimawandel dadurch noch selbst weiter verstärken. Denn der dunkle Boden darunter absorbiert das Sonnenlicht viel stärker als der strahlend weiße Schnee, der die meisten Strahlen wie ein Spiegel reflektiert. Ist der weiß glänzende Schnee also erst einmal weg, heizt der dunkle Untergrund die Erde noch stärker auf.

94 Weiße Randerscheinung
Wieso entstehen an Schuhen Schneeränder – auch ohne Schnee?

Die hässlichen Schneeränder und Flecken im Leder sind eigentlich Salzränder. Das Erstaunliche aber ist, dass man solche Ränder im Schuh tatsächlich auch bekommen kann, wenn man nur durch Wasser oder durch den Tiefschnee im Gebirge gestapft ist (wo hoffentlich niemand Salz gestreut hat). Der Grund: Das weiße Zeug, das man dann sieht, befindet sich größtenteils bereits im Schuh, wenn man ihn im Laden kauft. Es stammt aus der Herstellung, denn schon beim Gerben des Leders werden Salze eingesetzt, die dann darin zurückbleiben.

Warum aber wird das unsichtbare Salz erst sichtbar, wenn Schnee oder Wasser die Schuhe durchweicht haben? Das liegt an der Verteilung des Salzes in den Schuhen. Nach der Herstellung ist es schön gleichmäßig im Leder verteilt, sodass man es nicht sehen kann. Wenn das Leder aber anfängt, das Wasser von unten aufzusaugen und langsam nach oben aufzusteigen, löst es unterwegs immer mehr Salz heraus und nimmt es mit.

Am oberen Rand, wo das Salzwasser dann im Leder stehen bleibt, hat es auf dem langen Weg die höchste Konzentration angesammelt. Trocknet der Schuh dann, kristallisiert das gelöste Salz vor allem an diesen Randstellen aus – und macht die bekannten zackigen Flecken. Ähnlich wie beim Spülsaum im Sommer am Strand kann man durch diesen »Chromatografie-Effekt« auch am Leder sehen, wie hoch das Wasser darin stand.

Der praktische Tipp

Wer Schneeränder (oder besser gesagt die Salzränder) an Schuhen wieder wegbekommen will, sollte vor allem dem ersten Reflex widerstehen: Auf keinen Fall gleich wieder eincremen oder einsprühen, denn das konserviert die Ränder eher noch. Vorher ist es am besten, die Flecken mit einem feuchten Tuch abzuwischen, denn das Salz in den weißen Rändern ist ja weiterhin wasserlöslich. Noch besser kann man dazu destilliertes Wasser nehmen, und manche raten vor der Behandlung mit Wasser sogar zu etwas Zitrone (nachspülen!). Diese macht manche Salze tatsächlich noch besser löslich. Ob Zitrone aber dem Leder so guttut, muss man vorher an unauffälliger Stelle ausprobieren. Sonst tauscht man die weißen Ränder womöglich gegen eine ganz neue Schuhfarbe aus …

95 Juckende Schutzschicht
Warum wird die Haut im Winter trocken?

Die menschliche Haut wird häufig unterschätzt. Dabei ist sie mit einem Gewicht von mehreren Kilogramm und einer Oberfläche von 1,5 bis 2 Quadratmetern unser größtes Organ. Und auf dieser ganzen Fläche verlangt man wirklich eine Menge von ihr: Einerseits soll sie als natürliche Barriere verhindern, dass Wasser und alles mögliche andere aus der Umwelt in den Körper eindringt. Andererseits soll sie möglichst schön feucht und geschmeidig bleiben, sogar wenn es draußen trocken ist.

Und genau Letzteres ist im Winter der Fall: Die kalte Luft draußen ist in der Regel viel trockener als die Luft im Sommer. Denn kalte Luft kann weniger Feuchtigkeit aufnehmen als warme. Bei tieferen Temperaturen kondensiert das überschüssige Wasser in der Luft einfach aus – zum Beispiel als Beschlag auf Autoscheiben oder als Morgentau und Raureif auf der Wiese. Die Folge der trockenen Luft ist, dass auch die Haut im Winter mehr Feuchtigkeit abgibt als im Sommer.

Besonders kritisch für die Haut ist dabei ein schneller Wechsel von sehr feuchtem Klima ins trockene. Das jedenfalls schließen Forscher aus Versuchen mit haarlosen Mäusen: In den ersten zwei Tagen nach so einem extremen Wechsel hat deren Haut in den Versuchen sechsmal mehr Feuchtigkeit verloren als unter normalen Bedingungen. Und sie passt sich erst nach mehreren Tagen an.

Neben der trockenen Luft können aber auch andere Faktoren eine Rolle spielen – etwa Waschmittelreste in der Kleidung. Und wenn die Haut erst einmal trocken geworden ist, wird sie spröde oder leicht rissig und beschwert sich dann, indem sie anfängt zu jucken.

Im Prinzip gibt es zwei Strategien gegen trockene Haut: Man versucht entweder mit »feuchtigkeitsspendenden« Mitteln, aktiv neues Wasser in die Haut einzuschleusen. Oder man verhindert durch eine Schutzschicht, dass die Haut zu viel Feuchtigkeit verliert – mit einer Barriere aus Fettcreme beispielsweise. Und natürlich ist es eine gute Idee, im Winter seltener und weniger heiß zu baden oder zu duschen, denn das trocknet die Haut zusätzlich aus.

96 Voller Bauch
schwimmt nicht gern
Darf man mit vollem
Magen wirklich nicht
ins Wasser?

Viele denken bei dieser Frage vielleicht an die hübschen Baderegeln, die zum Beispiel an der Kasse vieler
Schwimmbäder ausgehängt sind. Insbesondere bei den
ganz vergilbten Ausgaben dieser Regeln findet man oft die
Empfehlung, nach dem Essen genau eine Stunde zu warten, bevor man dann endlich ins Wasser darf.

In Wahrheit allerdings muss man das nicht so ganz
wörtlich nehmen. Jedenfalls bekommt man nicht automatisch Magenkrämpfe oder gar Magengeschwüre, wenn
man einmal mit vollem Magen ins Wasser hüpft. Trotzdem
stimmt es natürlich, dass der Magen nach dem Essen ordentlich beschäftigt ist und eine Menge Blut für die Verdauung benötigt. Dieses Blut fehlt dann an anderer Stelle
im Körper. Aus diesem Grund fällt man nach einem üppi-
gen Essen auch leicht in so eine Art »Verdauungsnarkose«:
Der Verdauungstrakt wird stärker durchblutet, Kopf und
Muskeln bekommen weniger Blut und Sauerstoff ab. Die
Folge: Man wird müde und träge.

Statt der festen Baderegeln von früher setzt man heute
offensichtlich mehr auf den gesunden Menschenverstand:
Wer sich gerade vollgefuttert hat bis an die Halskrause,
wird vernünftigerweise nicht gleich danach 30 Bahnen
schwimmen wollen – und sich dann wundern, dass ihm
schon nach drei Bahnen schlecht wird. Und wer ohnehin

Kreislaufprobleme hat, wartet am besten tatsächlich eine Weile ab, bis die letzte Mahlzeit halbwegs verdaut ist – oder beschränkt sich auf dezentes Herumplanschen. In den Baderegeln der DLRG steht heute nur noch, dass man nicht mit ganz vollem oder ganz leerem Magen ins Wasser gehen soll. Der zusätzliche Hinweis auf den leeren Magen hat dabei übrigens ähnliche Gründe: Auch wer völlig unterzuckert ist, ist nicht gerade gut gerüstet für eine körperliche Anstrengung beim Schwimmen.

Alles in allem dauert die Verdauung übrigens ohnehin länger als die eine Stunde, die man früher in die Baderegeln geschrieben hat: Immerhin muss die Nahrung im Körper sieben bis acht Meter zurücklegen, so lang ist der Magen-Darm-Trakt. Viele Leistungssportler nehmen daher schon mehrere Stunden vor einem Wettkampf keine Mahlzeit mehr ein – damit der Körper nicht zu viel Blut in die Verdauung abzieht, das für sportliche Höchstleistungen dann nicht zur Verfügung steht.

97 Sonne I:
Friedhof der Zellen
Warum pellt sich die Haut nach einem Sonnenbrand? Und ist die Bräune dann weg?

Das berühmte »Pellen« der Haut nach einem Sonnenbrand ist die Folge eines natürlichen Schutzmechanismus des Körpers: Damit nicht zu viel Strahlung hineinkommt, macht die Haut zunächst ihre äußere Schutzschicht, die Hornhaut, etwas dicker. Und die besteht aus toten Zellen, die später dann nach und nach abschuppen. Dieses Anschwellen der Hornhaut passiert bereits, wenn man nur mäßig in die Sonne geht, und nicht erst beim Sonnenbrand.

Dass man sich nach dem Sonnenbrand noch viel stärker pellt, ist die Folge einer echten Zerstörung: Die UV-Strahlung der Sonne schädigt und tötet massenweise Hautzellen, die der Körper dann nach außen abtransportieren muss. Das ist nicht viel anders als nach einer Verbrennung an der Herdplatte. Bei den Bergen von Hautschuppen, die dabei entstehen, handelt es sich um einen ganzen Zellfriedhof. Und eigentlich ist es eine gute Idee von der Haut, geschädigte Zellen schnell loszuwerden, damit daraus nicht später einmal ein Geschwür oder gar Hautkrebs wird.

Bleibt noch die Frage, ob auf diesem Friedhof der Zellen auch die schöne Bräune beerdigt wird, die man sich erhofft hatte. Und das ist leider ein Stück weit der Fall. Zwar reagiert der Körper auf die heftige Sonneneinstrahlung auch beim Sonnenbrand, indem er die Produktion von Hautfarbstoffen erhöht. Diese braunen Hautpigmente sind ebenfalls ein natürlicher Sonnenschutz, da sie gefährliche Strahlen absorbieren. Zumindest ein Teil der so gebräunten Zellen kann aber nach einem Sonnenbrand ebenfalls schnell wieder zugrunde gehen und sich abpellen. Ein Teil der Mühe war dann tatsächlich umsonst. Auch deshalb ist es besser, die Haut erst langsam an die Sonne zu gewöhnen, damit sich der körpereigene Sonnenschutz erst einmal aufbauen kann.

98 Sonne II: Hautflecken

Warum haben manche Kinder viele Muttermale und deren Mütter fast gar keine?

Die Frage ist sehr berechtigt, denn schließlich werden viele Eigenschaften der Haut von den Eltern auf die Kinder vererbt. Genetisch setzen sich aber nicht immer die Eigenschaften beider Elternteile gleich stark durch. Wenn zumindest der Vater viele Muttermale hatte und die Mutter keine, könnte das womöglich ausreichen, um diese zu erben.

Viel spannender aber ist eine andere Entdeckung, die deutsche Hautärzte in einer Studie mit mehr als 11 000 Vorschulkindern gemacht haben. Bei jedem einzelnen Kind zählten die Ärzte die Muttermale auf der Haut. Gleichzeitig interessierten sich die Forscher aber auch für die Vergangenheit der Vorschüler: Hatten sie als ganz kleine Kinder häufig einen Sonnenbrand? Waren sie besonders häufig in sonnigen Ländern im Urlaub?

Das Ergebnis: Kinder, bei denen das zutraf, hatten deutlich mehr Muttermale als Kinder, die seltener der Sonne ausgesetzt waren. Zu einem ähnlichen Ergebnis kamen Forscher in einer weiteren Studie aus Großbritannien, bei der Zwillinge untersucht wurden. Offenbar trägt die ultraviolette Strahlung der Sonne mit dazu bei, dass Muttermale entstehen. Das aber ist mehr als eine Schönheitsfrage. Denn mehr Muttermale bedeuten auch ein höheres Risiko für Hautkrebs.

Ärzte gehen daher mittlerweile deutlich strenger mit Eltern um, die Kleinkinder splitternackt am Strand herumspringen lassen. Denn die Quittung folgt womöglich viele Jahre oder Jahrzehnte später. Auch Sonnenmilch ist da kein Allheilmittel.

Der praktische Tipp

Sonnenmilch ist ein geheimer Verführer. Jedenfalls haben Wissenschaftler beobachtet, dass sich viele Sonnenmilchnutzer offenbar in falscher Sicherheit wiegen: Sie schmieren das Zeug auf die Haut – und bleiben dann viel länger in der Sonne. Im Endeffekt erhöht das blinde Vertrauen auf den Sonnenschutz womöglich sogar die Gefahr von Sonnenbrand und Hautkrebs. Die Empfehlung von Hautärzten lautet da: mehr Schatten und mehr luftige, aber dichte Kleider als Sonnenschutz!

99 Sonnenmilchmischung
Wenn man Sonnenschutzmittel mit Lichtschutzfaktor 15 und 30 mischt, wie hoch wird dann der Lichtschutzfaktor?

Abgesehen von der womöglich üblen Panscherei in der Küche klingt die Idee zunächst ja sehr schön: Aus Sonnenmilch mit den Lichtschutzfaktoren 15 und 30 mischt man sich ein neues Produkt mit dem Mittelwert $45:2=22,5$ (das man dann nur noch in die Flasche zurückstopfen muss). Trägt man den neuen Mix auf, könnte man dann – theoretisch – 22,5-mal länger in der Sonne bleiben als ohne Sonnenschutz. Denn genau das gibt der Lichtschutzfaktor an: Wie viel länger man damit, unabhängig von seinem Hauttyp, halbwegs unbeschadet in der Sonne bleiben kann als ohne Schutz.

Die Sache hat aber leider einen Haken: Gerade bei Sonnenschutzmitteln mit sehr unterschiedlichen Lichtschutzfaktoren werden sehr unterschiedliche Zutaten eingesetzt. Für den eigentlichen Sonnenschutz sorgen einerseits verschiedene Chemikalien, die das UV-Licht der Sonne absorbieren. Andere Mittel beruhen darauf, dass kleinste Pulverteilchen, die in der flüssigen Sonnenmilch aufgeschwemmt sind, das Licht dann von der Hautoberfläche reflektieren. Je nach Art, Konzentration und Kombination all dieser Substanzen variiert der Lichtschutzfaktor.

Nur wenn man viel Glück hat und in beiden Sonnenschutzmitteln die gleichen Substanzen drin sind, könnte man durch Mischen vielleicht ungefähr einen mittleren

Schutzfaktor produzieren. Normalerweise aber müsste man schon auf mathematische Modelle zurückgreifen, mit denen auch Sonnenmilchhersteller das Ergebnis solcher Mischungen berechnen. Denn der Lichtschutzfaktor ist leider oft eben nicht der Mittelwert aus den beiden Ausgangsprodukten. Manche Chemikalien können sich in Kombination nämlich gegenseitig verstärken oder abschwächen. Und wenn zum Beispiel eine Substanz ausflockt, hat man am Schluss womöglich sogar einen niedrigeren Schutz, als es das schwächere der beiden ursprünglichen Mittel gebracht hätte.

Das Ganze ist also ein Experiment mit ungewissem Ausgang. Von möglichen Klümpchen in der Sonnenmilch und später vielleicht lustigen Flecken auf der Haut einmal ganz abgesehen, dürfte das Panschen in der Küche auch nicht gerade die Haltbarkeit der Mittel verlängern. Denn die sollte man nach dem Öffnen ohnehin nicht viel länger als ein oder zwei Jahre aufbewahren, wenn nicht eine längere »Aufbrauchfrist« auf der Flasche angegeben ist.

**100
Farbenspiele**

Warum ist
der Himmel
blau?

Die Frage nach der Farbe des Himmels gehört zu den am häufigsten gestellten Wissensfragen überhaupt. Insofern wird es kurz vor dem Ende des ersten Mitwisser-Buchs höchste Zeit, sie einmal zu beleuchten.

Dass sich weißes Sonnenlicht aus Licht mit verschiedenen Farben (oder besser: Wellenlängen) zusammensetzt, ahnt vielleicht jeder, der mal einen Regenbogen gesehen hat. Unter diesen verschiedenen Farben wird die blaue Farbe am klaren Himmel aber offensichtlich verstreut. Die übrigen Sonnenstrahlen, die auf dem Erdboden ankommen, erscheinen ohne das Blau dann eher gelblich als weiß.

Dieses »Aussortieren« des blauen Lichts funktioniert etwa so: Auf dem Weg zum Boden muss jeder Sonnenstrahl durch die Atmosphäre. Dort trifft er auf Luftmoleküle, insbesondere auf Sauerstoff und Stickstoff. Diese nehmen das blaue Licht aus den Sonnenstrahlen besonders gut auf und strahlen es nach allen Seiten wieder ab. Das blaue Licht wird so von seinem direkten Weg abgelenkt und gestreut. Für Licht mit anderen Farben (oder physikalisch: mit anderen Wellenlängen) sind die Luftmoleküle hingegen nicht so empfänglich. Andersfarbiges Licht kommt also viel ungestörter direkt als Sonnenstrahl auf dem Erdboden an. Das blaue Licht hingegen wird vorher über den ganzen Himmel verteilt: Der Himmel erscheint blau.

Damit sind die ganz Schlauen und die Romantiker aber natürlich noch nicht zufrieden. Denn schließlich erscheint der Himmel beim Blick in den Sonnenuntergang bekanntlich nicht mehr blau. Das liegt daran, dass das Licht bei schräg stehender Sonne einen viel weiteren Weg durch die Atmosphäre zurücklegen muss. Das Blau wird dadurch in der Luft fast vollständig aussortiert, bevor es das Auge erreichen kann. Wenn man direkt in die Sonne schaut, bleiben dann nur die rotgelben Farben zurück. Wer sich aber umdreht und über oder hinter sich sieht, wird auch während des Sonnenuntergangs weiterhin das eher blaue Streulicht am Himmel sehen.

Übrigens sind es manchmal gerade die nicht so schönen Dinge in der Luft, die für schönste Himmelsfarben sorgen: Freunde in Paris behaupten jedenfalls, der Sonnenuntergang über dem Arc de Triomphe sähe immer dann besonders romantisch-rotbraun aus, wenn die Luftverschmutzung dort besonders groß ist …

101 Zerstörte Urlaubsromantik

Hört man in einer Muschel wirklich das Meer rauschen?

Die schönste Antwort auf die Frage nach dem Rauschen in der Muschel ist sicher die Antwort ratloser Eltern oder geschäftstüchtiger Souvenirverkäufer am Strand: Das Rauschen in der Muschel (oder genauer: in der Meeresschnecke) ist das Geräusch des Meeres, das in dem Gehäuse für die Ewigkeit gespeichert ist. Leider weiß niemand, wie das gehen soll.

Etwas nüchterner kommt da schon eine andere häufige Erklärung daher, die auf den ersten Blick etwas plausibler klingt: Demnach soll es das Rauschen des eigenen Blutes sein, das verstärkt wird, wenn man die Muschel dicht ans Ohr hält. Auch diese Variante hat allerdings einen Haken: Das Rauschen kann man sogar mit einem Mikrofon aufzeichnen, das man an das Gehäuse hält. Da in einem Mikro aber bekanntlich kein Blut rauscht, scheidet diese Erklärung ebenfalls aus.

In Wahrheit sammelt die Muschelschale wie eine Art Schalltrichter alle möglichen Geräusche aus der Umgebung ein. Die Schallwellen dieser Geräusche werden an den Wänden im Innern der Schale hin und her reflektiert, sodass sie zu einem unspezifischen Rauschen verschwimmen. Verstärkt wird das Rauschen durch die Luftsäule in der Schale, die zum Mitschwingen angeregt wird. Die Luft in der Schale wirkt dabei ungefähr so wie ein Resonanzkörper bei einem Lautsprecher.

Von der Urlaubsromantik aus dem Souvenirladen bleibt also leider nicht viel übrig. Schlimmer noch: Für das Rauschen benötigt man nicht einmal eine Muschel. Man kann es sogar hören, wenn man einfach ein leeres Kölsch-, Altbier- oder Pilsglas dicht ans Ohr hält. Auch hier hört man dann weder das Meer noch das eigene Blut rauschen, sondern vor allem die akustische Umweltverschmutzung, den Hintergrundlärm aus der Umgebung. Als Souvenirverkäufer würde man vielleicht sagen: das Rauschen des Alltags in der Ewigkeit.

7

PROFESSOR HOLGER:

zum Selbermachen

Alle wollen ja immer mehr, mehr, mehr. Und weil wir das wissen, liefern wir auch. Hier ist *die* – dramaturgische Pause – Zugabe. Aber nicht irgendeine Zugabe. Am Ende dieses Buches verraten die Zauberer ihre Tricks.

Stopp! Etwas zu hoch gegriffen. Es geht nicht um Tricks, sondern hier lassen wir den interessierten und neugierigen Leser in die Karten schauen. Wir zeigen, wie Professor Holger arbeitet, wie er recherchiert und wie er die Erkenntnisse aus den verschiedenen Wissenschaftsgebieten – zumindest grob – bewertet.

Insofern ist dieses letzte Kapitel als »Do-it-yourself«-Notfallplan zu verstehen, falls Professor Holger mal nicht in Reichweite ist, aber eine allerbeste Frage dringend eine Antwort braucht.

Professor Holger gegen Doktor Google

Was mache ich, wenn der Herr Professor mal freihat, ich aber dringend eine Antwort auf eine allerbeste Frage brauche?

Der größte Feind von Professor Holger ist Doktor Google. Das könnte man jedenfalls denken, denn immerhin liefert die allgegenwärtige Suchmaschine auf viele allerbeliebteste Alltagsfragen wie »Warum ist der Himmel blau?« gleich 500 000 Treffer. Wer sich pauschal für »Unterschiede zwischen Mann und Frau« interessiert, erhält mehr Treffer, als es vermutlich Unterschiede zwischen diesen beiden Wesen gibt: Dr. Google schlägt gut eine Million Webseiten mit möglichen Antworten vor. Professor Holger liefert meist nur eine Antwort. Und oft spielt Google dabei gar keine Rolle.

Nun ist gegen Google an sich gar nichts einzuwenden, schließlich findet die Suchmaschine wirklich eine Menge Dinge recht zuverlässig: das Kinoprogramm, Adressen, günstige Urlaubsflüge und vieles mehr. Aber man muss sich klarmachen, dass Google (nach vorsichtiger Schätzung) vielleicht ganze 10 bis 30 Prozent des Webs abgrast. Zu den großen Alltagsfragen des Lebens findet Google in diesen wenigen Prozent immer noch eine Menge irgendwelcher Antworten. Aber stimmen die dann wirklich?

Nehmen wir mal eine Frage rund um das beliebte Thema Haare – etwa die Frage nach der unterschiedlichen Körperbehaarung von Mann und Frau (siehe Frage 9 und 10).

Da führt uns Dr. Google in unserem Test in ein Frageforum, in dem einer zu berichten weiß, dass die Haare bei Frauen in der Lage seien, länger zu werden als beim Mann, da es angeblich »eine längere Lebensdauer in der Kopfhaut« gebe – was auch immer das bedeuten soll.

Kurz und gemein ist die Antwort von »bubbles7« in einem anderen Frageforum, das Dr. Google als passendste Antwort vorschlägt: »Weil Männer dem Neandertaler noch viel ähnlicher sind als die Frauen, da die Frauen schon weiter entwickelt sind.«

Und auch das hier ist eine der von Dr. Google favorisierten Antworten:

»Alles aus der Natur entstanden! Männliches Sippenmitglied musste schon immer bei größter Arscheskälte die Mammuts zur Strecke bringen und wäre ohne die paar Fusseln in der Fratze und (besonders sexy – auf dem Rücken) bestimmt erfroren. Die Mädels saßen derweil in der molligen Höhle bei Feuer und Kräuterbowle und taten so, als müssten sie die Kinder erziehen. Alles was sie da brauchten (und bis heute nicht verloren), waren die Haare auf den Zähnen.«

Auch gemein. Und zugegebenermaßen zum Teil ganz witzig. Aber ein Mensch namens »Leisler« merkt im Netz zu solchen und anderen Fragen an: »Was ich (...) schade finde, ist, dass es keine ›richtige‹ Antwort von irgendwelchen Wissenschaftlern gibt. Bei manchen Fragen wäre ne Beantwortung echt gut ...«

Wer sich mit so was wirklich auskennt …

Bei allen lustigen Dingen, die man bei einfacher Suche via Dr. Google findet: Wenn man nützliche und richtige Antworten will, sollte man am besten jemand fragen, der sich mit so etwas wirklich auskennt. Einen – guten – Lehrer (jawohl, es gibt welche!) zum Beispiel. Oder noch besser eben tatsächlich »irgendwelche Wissenschaftler«, bei einem Forschungsinstitut, einer Universität. Am besten jemanden, der nach Antworten auf die Frage schon selbst Jahre seines Lebens geforscht hat. Fragt sich nur: Wie findet man diese Leute, die man auch »Experten« nennt? Woher weiß man, ob die seriös sind? Und versteht man die überhaupt?

Natürlich sind selbst die grauhaarigsten Wissenschaftler mit allertiefsten Falten auf der Denkerstirn mittlerweile oft auch im Web unterwegs. Erstaunlicherweise lässt Dr. Google die bei einer oberflächlichen Suche aber häufig links liegen. Das liegt zum einen daran, dass Google eben für viele fundierte Antworten aus der Wissenschaft im Netz blind ist. Oder Google findet diese Antworten zwar, hält sie aber für nicht wichtig genug, um sie auf einer der ersten Trefferseiten anzuzeigen. Wer also die wahren Antworten auf große Fragen sucht, muss seine Suchstrategie mit Google verbessern. Oder sich direkt auf geeigneten Webseiten auf die Suche nach den wahren Experten und den richtigen Antworten machen.

Für Anfänger: erste Antwortseiten im Netz

Ein schneller und leichter Weg zu solchen Antworten ist das Archiv des »Informationsdienstes Wissenschaft« (www.idw-online.de), eines Zusammenschlusses von mehreren Hundert Forschungseinrichtungen, Universitäten und anderen Hochschulen. Diese haben seit mehreren Jahren Zehntausende von Informationen aus allen Bereichen der Wissenschaft ins Netz gestellt. Die sind zwar vor allem als Pressemitteilungen für Journalisten gedacht, aber für jedermann zugänglich. Idealerweise hat ein Wissenschaftler einige seiner besten Forschungsresultate dort kurz allgemein verständlich zusammengefasst. Wer in dem Archiv des idw nach Stichworten zu einer bestimmten Frage sucht, findet also meist eine Reihe von Experten, die zu dem jeweiligen Stichwort etwas so Tolles herausgefunden haben, dass sie die Medien (»die Öffentlichkeit«) darüber informieren wollten. Ungefähr das Gleiche gibt es unter www.eurekalert.org für die USA – natürlich auf Englisch, dafür aber haben gerade amerikanische Wissenschaftler eine Menge (zum Teil auch recht lustige) Fragen untersucht, für die man in Deutschland nicht so leicht einen Experten finden würde. Beide Internetseiten lohnen sich auf der Suche nach einer ersten Antwort auf eine allerbeste Frage. Wer nun denkt, dass man bereits dort nur langweilige und völlig unverständliche Wissenschaft findet, sieht sich übrigens getäuscht. Wenn man bei unserem Beispiel »Haare bei Frau und Mann« bleibt, stößt man im idw zum Beispiel auf das hier:

Körperhaarentfernung bei immer mehr jungen Erwachsenen im Trend

»Mehr als 97 Prozent der jungen Frauen und 79 Prozent der Männer entfernen regelmäßig Körperhaar an mindestens einer Körperregion. Das geht aus einer Untersuchung hervor, die (...) an der Universität Leipzig (...) an einer studentischen Stichprobe durchgeführt wurde. (...)

89 Prozent der Frauen, die sich regelmäßig rasieren/

epilieren/trimmen, tun dies an drei oder mehr Körperpartien. Fast die Hälfte der Frauen (48 Prozent) enthaaren sich vier Körperpartien gleichzeitig. Das sind vor allem Beine, Achselhöhlen, der Genitalbereich und die Augenbrauen. Bei Männern, die sich abgesehen vom Bart Körperhaar entfernen, werden zu mehr als 50 Prozent zwei oder drei Körperpartien einbezogen. Männer rasieren sich vor allem die Achselhöhlen, Genitalbereich oder Oberkörper.

Insgesamt wurden 314 Studentinnen und Studenten befragt, davon 219 Frauen und 95 Männer. Der Altersdurchschnitt der Stichprobe lag bei rund 23 Jahren. Mehr als drei Viertel der Befragten studierten zum Zeitpunkt der Befragung Humanmedizin (45 %) oder Psychologie (34 %). Auch wenn die Anzahl vergleichbarer Studien sehr gering ist, lässt sich eine deutliche Zunahme der Personen beobachten, die Körperhaar entfernen, und eine Zunahme der Körperregionen, die dieser Modifikation unterzogen werden. Warum unterziehen sich junge Menschen einer solch aufwendigen Prozedur? Bei der Frage nach den Gründen wird bei Befragungen immer wieder das Wechselspiel zwischen individueller Attraktivität und gesellschaftlicher Normativität angegeben. (…)«

Quelle: www.idw-online.de/de/news289305

Das liest sich mindestens so amüsant wie viele Einträge in den Frageforen (wenngleich auch die Leipziger Studie nur einen Teil der Antwort liefert). Die Wahrscheinlichkeit, dass an den Antworten etwas dran ist, ist auf diesen Seiten jedenfalls größer als bei vielen von Dr. Googles Top-Vorschlägen.

Das heißt natürlich nicht, dass man Wissenschaftlern alles glauben soll. Vielleicht behauptet der eine oder die andere nur frech in seinen Mitteilungen im idw und anderswo, die Antworten auf große Fragen gefunden zu haben. In Wahrheit aber will er oder sie damit vielleicht vor allem Geld verdienen. Oder schlicht angeben. Denn sogar unter Wissenschaftlern gibt es Angeber, die mehr versprechen, als sie halten können. Zudem werden viele Fragen auch erforscht, ohne dass die Forscher gleich die Öffentlichkeit darüber informieren. Die Antworten dazu stehen dann natürlich nicht in diesen Archiven.

Für Fortgeschrittene:
Wer in Deutschland wo was erforscht
Wer auf Nummer sicher gehen will, sollte prüfen, wie seriös ein Experte wirklich ist – und sich dazu zum Beispiel seine Webseite anschauen: Arbeitet der Experte an einem möglichst unabhängigen, auch mit öffentlichen Mitteln finanzierten Forschungsinstitut? Und was für einen Ruf hat das Institut?

Eine Liste mit solchen Forschungseinrichtungen findet man auf www.forschungsportal.net und auf der Seite der wichtigsten Forschungsorganisation des Landes, der Deutschen Forschungsgemeinschaft (www.dfg.de –> »Informationssysteme«). Dort kann man nachschauen, was wer wo erforscht – und wo diese Forschung so gut ist, dass sie finanziell von der DFG gefördert wird. Zwar gibt es auch unter den dort gelisteten Instituten und Wissenschaftlern bessere und schlechtere, ehrlichere und weniger ehrliche. Wenn jemand aber dort aufgeführt wird, ist die Wahrscheinlichkeit doch recht hoch, dass man es mit Quellen für Antworten auf allerbeste Fragen zu tun hat.

Die Aktien und die »peer group« der Wissenschaftler

Wie gut ein Forscher und sein Institut wirklich sind, wird in der Wissenschaft aber nicht nur am guten Ruf und am Fördergeld für seine Forschung gemessen. Die wichtigsten Aktien der Wissenschaftler sind etwas anderes: Artikel in Fachzeitschriften. »Publiziere oder krepiere!«, lautet daher eine Art Schlachtruf unter Forschern. Denn auch in der Wissenschaft reicht es eben nicht, nur gute Ideen und tolle Experimente zu haben, man muss sie auch aufschreiben. Erst dann werden sie zur Aktie auf dem Markt der Wissenschaften. Damit für die Aktien ein gewisser Mindestwert garantiert ist, kann nicht jeder Forscher einfach überall das aufschreiben, was er oder sie für richtig hält. Alles, was in einer guten Fachzeitschrift veröffentlicht werden soll, wird daher erst einmal durch – meistens zwei – andere Experten (auch »peers« genannt) geprüft. Erst wenn diese peers halbwegs zufrieden sind, darf der Wissenschaftler mit seinen Forschungsergebnissen rein in die Fachzeitschrift. Durch den Experten-Check in diesem »peer review« gelingt es oft, auch den einen oder anderen reinen Angeber-Wissenschaftler zu entlarven.

Natürlich schreiben Wissenschaftler außerdem hin und wieder Bücher – in den Geisteswissenschaften gelten diese oft sogar als wertvollere Aktien als die Artikel in Fachzeitschriften. Für die schnelle Beurteilung eines Experten helfen Bücher (dieses Buch natürlich ausgenommen … !) aber manchmal nur wenig weiter. Denn Bücher darf jeder schreiben, auch ohne dass die peer group des Fachs das vorher unbedingt prüft. Der »bekannte Buchautor« kann daher immer noch ein Scharlatan sein, der seine Wunderdiät und den teuren Weg zum Glück verkaufen möchte.

Experten oder Institute ganz *ohne* Fachveröffentlichungen sind als Quellen für Antworten auf allerbeste wissenschaftliche Fragen erst einmal mit Vorsicht zu genießen. Ein Wissenschaftler, der sich mit etwas wirklich auskennt, wird in der Regel auch viel darüber schreiben – und das eben nicht nur im Internet und in Werbebroschüren!

Für die ganz Harten: die Lektüre der Wissenschaftler

Wie aber findet man nun die geprüften Fachartikel zu verschiedenen Themen? Und wie findet man heraus, ob ein vermeintlicher Experte schon solche Fachartikel geschrieben hat? Besonders leicht (da kostenfrei im Netz) ist das für alle Fragen aus Medizin und Biologie: Hinter der Seite www.pubmed.org verbirgt sich eine Datenbank mit Tausenden von Fachzeitschriften, die nach dem System des »peer review« arbeiten. Die meisten Texte darin sind nicht leicht zu verstehen, denn Wissenschaftler benutzen nicht nur gerne Englisch, sondern bekanntlich auch Fachausdrücke, Formeln und Zahlen. Und so kann man sich damit begnügen, in den Datenbanken einfach nur nachzuschauen, ob irgendwo ein anderer Experte zu einem bestimmten Thema überhaupt schon einmal etwas in einer Fachzeitschrift geschrieben hat. Liefert die Suche nach dem Namen des Experten eine Reihe von Treffern, ist das schon beruhigend.

Für die ganz Harten, die alles genau wissen wollen bei der Antwortsuche, lohnt es sich aber bestimmt, sich doch einmal an die Texte der Fachartikel (oder deren Zusammenfassungen) zu allerlei Fragen heranzuwagen. Für unsere Frage nach der Körperbehaarung liest sich das dann zum Beispiel so:

»Ein nackter Affe hätte weniger Parasiten«

»Menschen fehlt eine äußere Fellschicht, was für Säugetiere ungewöhnlich ist. Unsere Theorie lautet, dass Menschen den größten Teil ihrer Körperbehaarung verloren haben, um so ihren Befall mit Parasiten zu verringern. Wir vermuten, dass die Haarlosigkeit durch diesen Vorteil sowie durch sexuelle Präferenzen bei beiden Geschlechtern (in der Evolution) hervorgerufen wird. (...)

Was ungewöhnlich für Eigenschaften ist, die der sexuellen Auswahl unterliegen, ist die Tatsache, dass eine geringere Körperbehaarung für beide Geschlechter von Vorteil wäre. Ein noch größerer Verlust von Körperhaar beim weiblichen Geschlecht ist für Menschen insofern plausibel, als Männer in dieser Hinsicht normalerweise strenger bei der Partnersuche auswählen als Frauen. Die heute verbreitetere Nutzung von Enthaarungsmitteln belegt die anhaltende Attraktivität der Haarlosigkeit am Körper – speziell bei Frauen. (...) Die Überbleibsel von Schamhaar stellen einen gewissen Widerspruch zur Parasiten-Theorie dar, da es ein feucht-warmes Klima erzeugt, das Parasiten begünstigt. (...) Eine interessante Erklärung hierfür ist, dass die Schamgegend – aufgrund ihrer Wärme und Feuchtigkeit – besonders förderlich für den Austausch von sexuellen Geruchssignalen zwischen den Geschlechtern ist.«

Quelle: Proceedings of the Royal Society B
(http://rspb.royalsocietypublishing.org/content/270/Suppl_1/
S117.html)

Zugegeben, das ist ein wenig gemogelt, weil der Text im Original auf Englisch ist und es außerdem noch andere Expertenmeinungen zum Thema gibt. Wer etwas wirklich wissen will, hat beim einen oder anderen dieser Fachtexte dennoch gute Chancen. Denn um eine erste Antwort zu finden, muss man ja nicht jedes Detail verstehen. Und mit der gestelzten Sprache kann man leben.

Zurück zum Hausgebrauch: die Checkliste für wissenschaftliche Infos

Wer nun nicht gar so tief in die Welt der Wissenschaften einsteigen mag, begnügt sich vielleicht damit, bei Antworten aus dem Netz zu schauen, ob es dafür zumindest seriöse (zum Beispiel wissenschaftliche) Quellen gibt. Und wer erst einmal einen vertrauenswürdigen Experten gefunden hat, dem hilft Dr. Google dann vielleicht tatsächlich wieder weiter – zum Beispiel um die Homepage des Forschers und seines Instituts (mit womöglich allgemein verständlichen Texten) zu finden. Und wer bei Google mit »Erweiterte Suche« gezielt nach Powerpoint- und PDF-Dateien von Forschern sucht, findet jenseits der Fachartikel oft anschauliche Vorträge seines Experten im Netz.

Allemal verdächtig sind jene Quellen, die auf ihrer Homepage vollmundig Antworten auf die großen Fragen und die Lösung aller Probleme von A wie Akne bis Z wie Zahnschmerzen versprechen – und dann aber keine (wissenschaftlichen) Belege dafür liefern. Oder jene, die pseudowissenschaftlich daherkommen, aber kaum wissenschaftliche Kriterien erfüllen. Ohne dass man viel vom Thema verstehen muss, hilft unsere formale Checkliste bei der ersten Überprüfung:

**Professor Holgers Checkliste
zur Bewertung von Quellen und Experten –
und zur Enttarnung von Scharlatanen**

Handelt es sich bei meiner Quelle um eine angesehene/ öffentlich finanzierte/staatlich anerkannte Institution (z. B. Max-Planck-Institut, Universität)? (Achtung: »Institut für …« kann sich jeder nennen!)

Hat mein Experte zum Thema in besonders geprüf ten (»peer review-«)**Fachzeitschriften** veröffentlicht? Wenn nein, warum nicht? Sind in meiner Quelle entsprechende **wissenschaftliche Literaturstellen** genannt? Wird zu wichtigen Informationen genau angegeben, aus welchen anderen Quellen sie stammen?

Hat mein Experte/meine Quelle **Fachbücher** zum Thema in wissenschaftlichen Verlagen publiziert?

Wurden Arbeiten meines Experten bereits von der Deutschen Forschungsgemeinschaft (DFG), vom Bundesforschungsministerium (BMBF), von der EU oder von angesehenen Stiftungen **gefördert**? Was waren die Kriterien für die Förderung?

Ist mein Experte oder sein Institut an **größeren Forschungsprojekten** mit mehreren Forschergruppen beteiligt (z. B. »Sonderforschungsbereichen«)?

Ist mein Experte **unabhängig**? Arbeitet er mit der **Industrie** zusammen? Hat er vielleicht selber eine Firma, mit der er Geld verdient? Und vor allem: Legt er das offen oder versteckt er das?

Hat mein Experte schon angesehene **Forschungspreise** gewonnen?

Hält mein Experte regelmäßig **Vorträge** auf wissenschaftlichen Tagungen?

Wer **steckt eigentlich genau hinter** der Webseite, von der ich meine Information bekomme? Wer steht dort im »Impressum«?

Was sagen der **gesunde Menschenverstand** und der **persönliche Eindruck** zu einer Antwort und ihrer Quelle? Ist eine Information **plausibel**, wenn man länger darüber nachdenkt? Gibt es nur eine oder vielleicht **mehrere Antworten** auf meine Frage? Handelt es sich bei einer Antwort vielleicht um einen **modernen Mythos** (»urban legend« oder einen Internet-»hoax«)?

Werden in der Medizin zum Beispiel **Wunderheilungen** versprochen? Was sagt es dort tatsächlich aus, wenn durch irgendetwas ein oder zwei Menschen (zufällig?) geheilt wurden? Soll etwas **teuer verkauft** werden – und warum ist das eigentlich so teuer?

Merke: Für wissenschaftliche Wunder sind weder Firmen noch Forscher und Ärzte, sondern – bestenfalls! – die Kirchen zuständig. Und: Was **keine Nebenwirkungen** hat, hat garantiert auch **keine Wirkung**!

Natürlich können solche Checklisten nur eine erste Hilfe sein, Experten und andere Quellen zu beurteilen – absolute Sicherheit geben sie nicht. Und natürlich gelten viele Punkte der Checkliste vor allem für wissenschaftliche Quellen (und jene, die als solche daherkommen). In diesen Fällen aber gilt: Je mehr Pluspunkte von dieser Liste gesammelt werden, desto eher kann man dem Inhalt glauben. Und bei sehr wenigen Pluspunkten sollte man zumindest genauer hinschauen.

Natürlich gibt es auch Webseiten und Quellen jenseits der wissenschaftlichen Experten, die eine Menge hilfreiche (und richtige!) Antworten auf allerbeste Fragen bereithalten: Nicht selten stammen diese Seiten von engagierten Lehrern (unser Favorit für Fragen aus der Physik ist leifiphysik.de). Und auch viele Museen (in Deutschland, aber zum Beispiel auch in den USA) liefern im Netz hervorragend erklärte Antworten auf allerbeste Fragen. Einige dieser und anderer Links haben wir im allerletzten praktischen Tipp dieses Buches zusammengetragen:

Der praktische Tipp

Professor Holgers kleine Linkliste zum Beantworten allerbester Fragen

Übersicht über öffentlich finanzierte Forschungseinrichtungen in Deutschland und Suchmaschine: **www.forschungsportal.net** und **http://research-explorer.dfg.de**

Expertenmakler und Pressemitteilungsarchiv von Forschungseinrichtungen: **www.idw-online.de** (Deutschland), **www.eurekalert.org** (USA)

Verzeichnis von der Deutschen Forschungsgemeinschaft (DFG) geförderter Forscher: **http://gepris.dfg.de** und von der EU geförderter Forscher: **http://cordis.europa.eu/de**

Wie sich Wissenschaftler selbst bewerten und Linkliste zu Datenbanken aus der Forschung: **www.forschungsinfo.de** –> »IQ Infobereich«

Suche nach Artikeln in Fachzeitschriften (engl.!): **www.isiwebofknowledge.com**/ (meist nicht kostenlos); **www.pubmcd.org** (für Medizin und verwandte Gebiete; Zusammenfassungen kostenlos)

Suchmaschinen mit Fokus auf Wissenschaft: **www.scirus.com** und **www.sciseek.com** und **www.scopus.com** – und wenn es doch etwas aus der Dr.-Google-Familie sein soll: **http://scholar.google.de**

Eine Liste wissenschaftlicher Fachgesellschaften in der Medizin: **www.awmf.org**; geprüfte Gesundheitsinformationen: **www.gesundheitsinformation.de**; Bewertung von medizinjournalistischen Beiträgen: **www.medien-doktor.de**.

Erklärseiten z. B. von Lehrern: **www.leifiphysik.de**; **www.chemieunterricht.de**; **www.bildungsserver.de**

Infos, wem eine Webseite gehört: **www.denic.de** oder **www.whois.org** (international)

Sammlung moderner Mythen im Netz: **www.hoax-info.de**

Bleibt am Schluss noch die Frage: Wie sieht es eigentlich mit Wikipedia und den allerbesten Fragen aus? Die einfache Antwort: Kommt drauf an! Die Qualität von Wikipedia ist von Artikel zu Artikel äußerst unterschiedlich. Aber auch das kann man prüfen – zum Beispiel mit den Checklisten oben! Hat ein Wikipedia-Artikel viele und plausible Verweise auf wissenschaftliche Quellen, steigt die Wahrscheinlichkeit, dass der Inhalt einigermaßen zuverlässig ist.

Wenn alles nichts hilft, dann bleibt natürlich noch ein letzter Ausweg: doch gleich Professor Holger fragen – im Gästebuch unter einslive.de. **Professor Holger weiß zwar auch nicht alles, aber er weiß, wo es steht!**

Dank

Wir danken beide unserem Lieblingskollegen Christian Terhoeven und den engagierten Kollegen aus der 1LIVE-Redaktion. Ferner Jochen Rausch, Heiner Heller, Andrea Schafarczyk, Ulli Krapp, Cathrin Pesch, Daniela Hilberath, Schiwa Schlei und Beate Westerfeld. Außerdem Martin Breitfeld, Dorothea Roll, Barbara Thoben, Laura Bastian und Petra Düker vom KiWi-Verlag. Kristine Meierling und Anne Tucholsky von roofmusic. Und schließlich Peter Schulz, Martina Richter, Nora Burgard, Salim Butt, David Wieching, Max Kaiser, Robert Herrmann, Holger Hessinger, Franziska Badenschier und Michael Steinbrecher sowie unzähligen Professoren aus (fast) unzähligen verschiedenen Fachgebieten.

Michael Dietz dankt seinen Freunden und der Familie entlang des Rheins und an der Spree und auch in den Dependancen China, Australien und der Schweiz.

Professor Holger dankt ebenfalls Familie und Freunden (am Rhein und anderswo) und dabei ganz besonders Silke und den beiden anderen süßen Mädels aus dem Dortmunder Kreuzviertel.

Bildnachweise

ENDLICH MITWISSER!
DAS HÖRBUCH

DIE ALLERBESTEN FRAGEN – GESTELLT VON MICHAEL DIETZ, BEANTWORTET VON PROF. HOLGER

ISBN 978-3-941168-64-0

1 CD. Exklusive Hörbuch-Edition

tacheles! Hörbuch & Kabarett bei ROOFMUSIC

ROOF Music GmbH · Prinz-Regent-Str. 50-60 · 44795 Bochum
Vertrieb Buchhandel: Eichborn · CD-Fachhandel: Indigo   www.roofmusic.de

Martin Doerry / Markus Verbeet (Hg.). Wie gut ist Ihre All-
gemeinbildung? Der große SPIEGEL-Wissenstest. KiWi 1162
Verfügbar auch als ⧉Book

Deutschlands größter Wissenstest: 150 Fragen, ausgewählt
von der SPIEGEL-Redaktion, aus fünf Fachgebieten – Politik,
Geschichte, Wirtschaft, Kultur und Naturwissenschaften.
Hunderttausende haben schon mitgemacht, um ihre Allge-
meinbildung zu überprüfen. Trauen Sie sich auch?

www.kiwi-verlag.de

Ranga Yogeshwar. Ach so! Warum der Apfel vom Baum fällt
und weitere Rätsel des Alltags. KiWi 1188

Mitten in der Nacht fragen wir uns, ob wir so schlecht
schlafen, weil gerade Vollmond ist, am Morgen, beim Blick
in den Spiegel, woher die grauen Haare kommen, und mit-
tags, warum der Knödel sich im Topf dreht. Ausgehend
von ganz einfachen Fragen erklärt Ranga Yogeshwar auf
gewohnt unterhaltsame und verständliche Weise Rätsel
des Alltags – und schreckt dabei auch vor Selbstversuchen
nicht zurück!

Zum Lesen, Lachen und Nachschlagen

Bastian Sick. Der Dativ ist ... Folge 1.
KiWi 863. Verfügbar auch als eBook

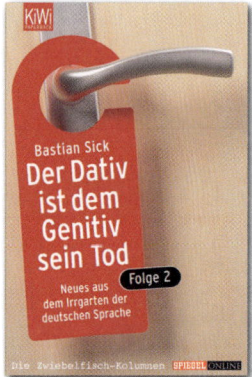

Bastian Sick. Der Dativ ist ... Folge 2.
KiWi 900. Verfügbar auch als eBook

Bastian Sick. Der Dativ ist ... Folge 3.
KiWi 958. Verfügbar auch als eBook

Bastian Sick. Der Dativ ist ... Folge 4.
KiWi 1134. Verfügbar auch als eBook

Witzig und unterhaltsam – Bastian Sicks Sprach-
kolumne begeisterte bereits Millionen Leser.

www.kiwi-verlag.de